Gerhard Bauer

FÜR EUCH – MIT EUCH

Gerhard Bauer

Für euch – mit euch

Was der Priester ist und was er nicht ist

VERLAG NEUE STADT
MÜNCHEN · ZÜRICH · WIEN

2013, 1. Auflage

Gestaltung und Satz: Neue-Stadt-Grafik
Umschlaggrafik: © Hilde Reiser, Durst nach Leben (Ausschnitt)
Druck und Bindung : CPI – Clausen & Bosse, Leck
ISBN 978-3-87996-964-7

www.neuestadt.com

Geleitwort

Als ich angefragt wurde, ein Geleitwort zu diesem Buch über Priester zu schreiben, war ich sehr überrascht. Nach anfänglicher Skepsis war es für mich reizvoll, mich diesem Thema als Laie, als Frau in der katholischen Kirche zu nähern. Die Lektüre hat mich überzeugt, dass dieses Buch für alle engagierten Christen lesenswert ist.

Was sind Priester? Und wozu braucht man heutzutage Priester? Diese Fragen werden nicht selten kontrovers diskutiert, innerhalb wie außerhalb der Kirche, auch von suchenden, verunsicherten und verletzten Menschen.

Gerhard Bauer schreibt als engagierter Christ und Priester, der seine Berufung mit Freude und Überzeugung lebt. Seine Ausführungen nehmen den Leser und die Leserin mit in die Auseinandersetzung mit dem Evangelium, den Anliegen des Zweiten Vatikanischen Konzils und den Herausforderungen unserer Zeit.

Es sind klare, lebendige Worte, hinter denen viel pastorale Erfahrung steckt.

Man begegnet in diesem Buch dem Seelsorger und wachen Christen, man spürt seine Lebensfreude, den Respekt vor Andersdenkenden, die Offenheit für Neues und die Warm-

herzigkeit und Liebe zu den Menschen. „Für euch – mit euch" ist ein persönliches Buch, ein Vermächtnis eines Priesters, der sich nicht nur an Insider richtet. Wir leben in großen Umbruchszeiten, und niemand von uns weiß, welche Gestalt die Kirche in Zukunft haben wird. Das Buch fordert heraus, sich der eigenen Berufung – sei es nun im gemeinsamen oder im besonderen Priestertum – als Christ und Christin zu stellen.

Ich wünsche diesem Buch interessierte Leserinnen und Leser, die sich der Not und dem Segen des Christseins stellen und in freien Kommunikationsräumen offen bleiben für die Neuigkeiten Gottes.

Ambach, am Pfingstfest, 19. Mai 2013
Kyrilla Schweitzer

Inhalt

Vorwort

Ich stehe vor der Bücherwand in meinem Arbeitszimmer und schüttle den Kopf: Zwei Meter Literatur über das Priestertum, den priesterlichen Dienst und Lebensstil, über Priesterbilder, Priesterausbildung, über die evangelischen Räte und den priesterlichen Zölibat, über Priesterkinder und Missbrauch ... – kurz: über Not und Segen des katholischen Priestertums.

Ich schüttle zunächst den Kopf bei dem Gedanken, jetzt auch noch etwas dazu zu schreiben. Und doch: Mir scheint, dass es für so manchen Mitbruder oder Mitchristen hilfreich sein könnte.

– Ich denke an Theologiestudierende und junge Priester, für die das Konzil zur Geschichte gehört und die, animiert von Papstgestalten wie Johannes Paul II. und Benedikt XVI., ermutigt durch Weltjugendtage und voller Sehnsucht nach einem erfüllten Leben das Priestertum als ihr Ideal entdeckt haben und bisweilen – mehr oder weniger bewusst – ihren Status kultivieren und mit bekenntnishaftem Freimut bezeugen in Wort und Aussehen.

– Ich denke an ältere Priester, die unter der Mittagshitze ihres Dienstes ausgetrocknet sind und denen man vielleicht die Freude an ihrem Beruf nicht mehr ansieht, an so manche resignierte Priester, für die der Aufbruch des Konzils nicht mehr sichtbar ist und die sich schwertun mit vielleicht notwendigen pastoralen und personellen Umstrukturierungen.

– Ich denke an viele Laien, die ihre Not mit ihrem Pfarrer haben, die schockiert sind durch das Ausmaß sexuellen Missbrauchs in der Kirche, das in den letzten Jahren öffentlich wurde; ich denke an viele ehrenamtlich engagierte Frauen und Männer, die an die Grenzen gekommen sind …

– Und ich denke auch an die Entwicklung meines eigenen Priesterbildes, angefangen von den Jahren der Kindheit, wo ich wie selbstverständlich Priester werden wollte und daheim „Messe spielte", über die Herausforderungen der Pubertät bis hin zu meiner Ausbildung im römischen *Germanicum* zur Zeit des Konzils. Ich denke an die „Flitterwochen" um das Geschehen der Priesterweihe und Primiz herum, aber auch an tiefe Krisen und Phasen der Verunsicherung in der Nachkonzilszeit. Und ich denke an die tiefe Freude an meinem Dienst: Ja, das ist „meins", ich „muss" das tun und tue es gern!

Der Theologe und damalige Aachener Bischof Klaus Hemmerle hatte wohl recht, als er 1982 auf einem Priesterkongress in Rom sagte:

„Suchst du einen Seismographen für die Erschütterungen der Zeit? Für die positiven wie negativen Entwicklungen des Bewusstseins unserer Epoche, für Gefährdungen wie neue Aufbrüche? Es ist das Bild des Priesters. Er ist gewissermaßen das Herz des Herrn, das von ihm selbst hineingehalten wird in die Geschichte der Menschheit. Mit dieser ungeheuren Berufung zur doppelten Sensibilität für den Herrn und für die Menschen, mit denen er sich einsmacht, denen er nahe sein will, ist auch eine hohe Verletzlichkeit verbunden."

Schon 1970, in der unmittelbaren Zeit nach dem Konzil und inmitten der Unruhen im deutschen Katholizismus dieser Jahre, stellten die deutschen Bischöfe in einem immer noch wertvollen Schreiben „über das priesterliche Amt" fest:

„Die Frage nach dem priesterlichen Amt ist heute, für viele unerwartet, in die Diskussion geraten. Wenn noch vor Kurzem das Priestertum innerhalb der Kirche unangefochten war, ja unanfechtbar schien, so ist jetzt für manche seine Notwendigkeit, sogar seine Berechtigung überhaupt fraglich geworden. Das kann für jene, die im priesterlichen Dienst stehen, zu einem Lebensproblem werden. Erst recht fragen sich dann junge

Menschen, ob es heute überhaupt noch Sinn hat, auf dieses Ziel zuzugehen und Priester zu werden" (PrA, 1970, S. 5).

Die Frage spitzt sich zu, so die Bischöfe, weil Zweifel und Kritik auch aus dem Innern der katholischen Theologie und des kirchlichen Bewusstseins aufbrechen. Diese kritische Einstellung bekommen manche auch heute von Mitschülerinnen und Mitschülern oder von Kommilitonen und oft auch von ihren Eltern zu spüren, wenn sie sich für den Eintritt ins Priesterseminar oder überhaupt für einen kirchlichen Beruf entscheiden. Es ist eher eine „Karriere nach unten" als ein Aufstieg aufs „olympische Podest": „Nun bin ich wer!" – das war einmal! Darüber täuschen auch die Beliebtheit und die großen Zahlen von Besuchern bei Primizen nicht hinweg: Der Event ist bei den Menschen schnell vergessen; es bleibt beim oft klischeehaften Priesterbild, wobei zu ergänzen ist, dass manche vor Ort durchaus auch positive Erfahrungen mit einem Priester gemacht haben oder machen.

Im Mittelpunkt vieler Diskussionen stehen seit Langem Themen wie der (Pflicht-)Zölibat und das Priestertum der Frau. Tiefer gehende, grundsätzliche Fragen drohen darüber vergessen zu werden. Mir scheint: Wir müssen sie wieder ins Bewusstsein rücken, wenn wir nicht – so oder so – am Ziel vorbeirennen wollen. Was ist eigentlich der Priester? Und was ist er nicht – ob er nun im römischen Kollar oder im bunten Rollkragenpullover auftaucht?

Diese Klärungen tun auch deshalb not, weil es ein unverkennbares Interesse am kirchlichen Amt gibt – über die „kirchliche Öffentlichkeit" hinaus. Von einer ungebrochenen latenten Erwartung, von leisen Hoffnungen zeugt jedenfalls die große Resonanz, die der mutige Rücktritt von Papst Benedikt XVI. und der Pontifikatsbeginn von Papst Franziskus finden. Es ist wohl kein Zufall, dass ausgerechnet eines von dessen Worten über die priesterliche Berufung zu den besonders oft zitierten gehört: dass der Hirte nach Schaf riechen müsse!

Was der Priester ist und was er nicht ist

1. Christus, der einzige Hohepriester

„Ich bin es nicht!“ – Trefflicher und zugleich provozierender lässt sich die Identität des Priesters nicht ausdrücken. Im Johannesevangelium lesen wir, dass Johannes der Täufer auf die Frage „Wer bist du?“ antwortete: „Er bekannte und leugnete nicht; er bekannte: *Ich bin nicht der Messias*“ (Joh 1,19f).

Bestenfalls ist der Priester „der Freund des Bräutigams, der dabei steht und sich über die Stimme des Bräutigams freut“ (Joh 3,29). Der *einzige „Priester“* im kultischen Sinn dieses Wortes, der Opferpriester, der zwischen Gott und Menschen vermittelt, ist Christus, er allein. Für die Diener des Neuen Bundes verwendet die Bibel nicht das Wort Priester (lateinisch: *sacerdos*); dies kommt allein dem Hohepriester Jesus Christus zu. Erst zu Beginn des 3. Jahrhunderts wurde *sacerdotium* für das bischöfliche Amt gebraucht, wohl in einer gewissen Analogie zum alttestamentlichen Priestertum und zum allgemeinen religiösen Sprachgebrauch. Nur von Christus gilt, was im Hebräerbrief in Anlehnung an Psalm 110,4 steht: „Du bist Priester auf ewig nach der Ordnung Melchisedechs.“ Deshalb finde ich es fragwürdig, wenn bei manchen Primizen auf Transparenten zu lesen ist: „Du bist Priester auf ewig.“

Für die *Ämter des Neuen Bundes* hat man vor allem auf „profane“ Begriffe gesetzt: *Aufseher, Diener, Ältester.* Eigenartigerweise leitet sich gerade davon unser deutsches Wort „Priester“ ab: Es kommt von *presbyteros*, Ältester. So müssen wir damit leben, dass mit demselben Wort im deutschen Sprachgebrauch sowohl das kultische Priestertum bezeichnet wird, das nun im strengen Sinn nur noch Christus zusteht, und zugleich auch die Diener der Gemeinde. Gerade Paulus, der durchaus Autorität wahrzunehmen wusste, bedient sich Worten wie: „Verwalter der Geheimnisse Gottes“, „Diener und Knecht Jesu Christi“ und „Apostel“, also ein mit Vollmacht Gesandter.

„Ich bin es nicht“: Die tiefste Identität des Priesters besteht darin, wie Johannes der Täufer auf den zu zeigen, der nach ihm kommt und größer ist, dem die Schuhriemen zu lösen er nicht würdig ist.

Nun ist freilich der tiefste Sinn priesterlichen Dienstes durchaus ein kultisch-priesterlicher, in Anlehnung an Paulus gesagt: Er soll helfen, dass ein jeder, eine jede und die Gemeinde als Ganzes eine lebendige Opfergabe werden. Letzteres ist der tiefste Sinn unseres Lebens als Getaufte, unseres gemeinsamen Priestertums.

2. Wir alle sind Priester durch die Taufe

Sosehr Christus der einzige *Priester* (*sacerdos*) und Mittler zwischen Gott und den Menschen ist, hat er uns doch durch die Taufe Anteil gegeben an seinem Priestertum. Paulus schreibt: „Angesichts des Erbarmens Gottes ermahne ich euch, meine Brüder [und Schwestern], euch selbst als lebendiges und heiliges Opfer darzubringen, das Gott gefällt“ (Röm 12,1), ja auch die Heiden sollen „eine Opfergabe werden, die Gott gefällt“ (Röm 15,16). So heißt es in der geheimen Offenbarung: Christus „hat uns zu Königen gemacht und zu Priestern vor Gott, seinem Vater“ (Offb 1,16); und im ersten Petrusbrief wird den verfolgten Christen in der Diaspora Mut zugesprochen, indem ihnen ihre Würde vor Augen gehalten wird: „Lasst euch als lebendige Steine zu einem geistigen Haus aufbauen, zu einer heiligen Priesterschaft, um durch Jesus Christus geistige Opfer darzubringen, die Gott gefallen …; ihr aber seid ein auserwähltes Geschlecht, eine königliche Priesterschaft, ein heiliger Stamm, ein Volk, das sein besonderes Eigentum wurde, damit ihr die großen Taten dessen verkündet, der euch aus der Finsternis in sein wunderbares Licht gerufen hat“ (1 Petr 2,5.9).

In der Hingabe unseres Lebens an Gott, sozusagen in der „Liturgie des Alltags“, und im Zeugnis, in der „Verkündigung der Großtaten Gottes“, zeigt sich also dieses gemeinsame Priestertum der Gläubigen. Von der Aufgabe, Zeugnis zu geben, spricht auch dieser Vers: „Seid stets bereit, jedem Rede und Antwort zu stehen, der nach der Hoffnung fragt, die euch erfüllt" (1 Petr 3,15).

Vor allem aber ist es ein Priestertum des Dienens und der Liebe: „*Vor allem* haltet fest an der Liebe zueinander ...; dient einander als gute Verwalter der vielfältigen Gnade Gottes, jeder mit der Gabe, die er empfangen hat ... Wer dient, der diene aus der Kraft, die Gott verleiht. So wird in allem Gott verherrlicht durch Jesus Christus" (1 Petr 4,8.10f).

Die königliche Würde, die den Glaubenden in der Taufe geschenkt wird (man denke nur an die Salbung mit dem Chrisam in der Taufliturgie, mit dem sonst Könige und Priester gesalbt wurden), zeigt sich paradoxerweise im Hinknien zur Fußwaschung. Jesus musste hier das übliche Denken, in dem auch seine Jünger verhaftet waren, geradezu auf den Kopf stellen: „Bei euch aber soll es nicht so sein, sondern wer bei euch groß sein will, der soll euer Diener sein" (Mk 10,43). Bischof Joachim Wanke hat einmal prägnant formuliert: „Jeder Christ muss täglich einen Platz haben, wo er einem anderen die Füße wäscht."

Das Zweite Vatikanische Konzil unterscheidet zwar klar zwischen dem „Amtspriestertum" und dem gemeinsamen Priestertum aller Getauften, unterstreicht aber, dass alle Teil haben am „Amt Christi, des Priesters, Propheten und Königs" und somit an der Sendung, am Leben und Tun der Kirche (Dekret über das Laienapostolat, *Apostolicam Actuositatem,* Nr. 10). Gemeinsam also haben alle Christen Anteil am Priestertum Christi, sind ein priesterliches Volk. Zum Dienst und Aufbau dieses Volkes freilich werden Einzelne gerufen, damit sie sich in den Dienst der verschiedenen Dienste im Gottesvolk stellen.

3. Einige sind bestimmt zum Dienst an den Diensten

„Das gemeinsame Priestertum der Gläubigen aber und das Priestertum des Dienstes, das heißt das hierarchische Priestertum, unterscheiden sich zwar dem Wesen und nicht bloß dem Grade nach. Dennoch sind sie einander zugeordnet: Das eine wie das andere nimmt je auf besondere Weise am Priestertum Christi teil" (Dogmatische Konstitution über die Kirche, *Lumen Gentium,* Nr. 10).

Damit wird unterstrichen, dass das „Amtspriestertum" dem Wesen nach eine andere Art von priesterlichem Dienst ist, die aber gerade nicht – dem Grade nach – ein „Höher" bezeichnet. Denn mehr als ein Gotteskind durch die Taufe kann auch der Papst nicht sein; zählt doch einmal im Himmel nur noch die „Hierarchie der Liebe"!

Zudem greift das Zweite Vatikanische Konzil die neutestamentliche Sprachregelung auf, in der das Kult- und Opferpriestertum Christi durch Teilnahme uns allen durch die Taufe zukommt, die „Priester" aber durchgängig *Presbyteri*, also Älteste, genannt werden. Die eigentliche Sendung der Kirche nämlich, die Heiligung der Welt, ist allen Christen aufgetragen. Die „Laien" (was wörtlich so viel heißt wie die „Mitglieder des Volkes [*Laos*] Gottes), die Gläubigen also, „die durch die Taufe Christus einverleibt, zum Volk Gottes gemacht und des priesterlichen, prophetischen und königlichen Amtes Christi auf ihre Weise teilhaftig [sind und die] zu ihrem Teil die Sendung des ganzen christlichen Volkes in der Kirche und in der Welt ausüben" (*Lumen Gentium*, Nr. 31), sie tragen die Heilssendung Christi in die Welt hinein, ist ihnen doch „der Weltcharakter in besonderer Weise eigen" (ebd.).

Sie leben in der Welt; „dort sind sie von Gott gerufen, ihre eigentümliche Aufgabe, vom Geist des Evangeliums geleitet, auszuüben und so wie ein Sauerteig zur Heiligung der Welt gewissermaßen von innen her beizutragen und vor allem durch das Zeugnis ihres Lebens, im Glanz von Glaube, Hoffnung und Liebe, Christus den andern kundzumachen. Ihre Aufgabe ist es also, in besonderer Weise, alle zeitlichen Dinge, mit denen sie eng verbunden sind, zu durchleuchten und zu ordnen, dass sie immer Christus entsprechend geschehen und sich entwickeln und zum Lob des Schöpfers und Erlösers gereichen“ (ebd.).

Zu diesem Apostolat werden sie vom Herrn selbst durch Taufe und Firmung bestellt, wobei der Heilige Geist einem jeden seine ganz besonderen Gaben schenkt. „Was die Seele im Leib ist, dass sollen in der Welt die Christen sein“ (Brief an Diognet [um das Jahr 200], 6).

Die geweihten Priester (und bis zu einem gewissen Grad auch die Ordenschristen) sind also „verhinderte Laien“, können also nur bedingt den Grundauftrag der Kirche, die Heiligung der Welt, wahrnehmen, um frei zu sein für den Aufbau des Volkes Gottes und die dazu nötigen Dienste in Liturgie, Verkündigung und Diakonie. Während der Laie gewissermaßen der „Ernstfall“ des Christen in der Welt ist, „muss für den Amtsträger der uneingeschränkte und unmittelbare Dienst der Weltgestaltung aus dem Geiste Christi hinter seinem Dienst an der Einheit des Leibes Christi und an der Zurüstung seiner Glieder für die jeweiligen Aufgabe zurücktreten“ (so die Deutsche Bischofskonferenz in einer Stellungnahme vom 2. Mai 1986). Diese „Zurückhaltung“, so heißt es weiter, ist ein „aus dem Dienst am Ganzen der Kirche und ihrer Einheit sich ergebender andersartiger Schwerpunkt“.

Gewiss gibt es eine „Berufung" zum Priestertum: dass meist junge Menschen in sich den Wunsch oder den Ruf verspüren, sich als Priester der Kirche ganz zur Verfügung zu stellen. So ein Wunsch kann, angestoßen durch Priester als Vorbilder oder durch den Dienst am Altar als Ministrant spontan durch innere Eingebung entstehen und trotz aller Widerstände sich immer deutlicher durchsetzen. Ich weiß von jungen Menschen, die einem inneren Ruf auf die Dauer nicht widerstehen konnten, ihr Studium oder ihren bisherigen Beruf aufgegeben haben, um wieder inneren Frieden zu finden in dem Wissen: Es ist meins, ich muss es tun. Eine solche „Berufung" muss sich freilich auch der Beurteilung durch die Kirche stellen. Denn es ist die Kirche, die einen Menschen braucht und ruft und damit die innere Berufung bestätigt. So war es doch schon in der Urkirche von Jerusalem und in den paulinischen Gemeinden, dass man geeignete Menschen auswählte und ihnen unter Gebet und Anrufung des Heiligen Geistes die Hände auflegte. Das Entscheidende dabei ist also nicht der Wunsch eines jungen Menschen, einmal am Altar zu stehen, sondern die Frage, ob dies Gottes Wille für seinen Lebensentwurf ist – denn nur Gott selbst und nicht das Priestertum kann das Ideal eines Lebens sein. Zum andern muss die Kirche auch *Eignungskriterien* zur Beurteilung einfordern dürfen.

Die klassische Trias zur Beurteilung einer Priesterberufung heißt: Neigung, Eignung und Annahme durch die Kirche.

Die *Eignung* festzustellen ist letztlich Aufgabe der Kirche, konkret des Bischofs und mit ihm des Ausbildungsleiters (Regens), aber auch des „Volkes", das, wie es in der Weiheliturgie heißt, befragt werden soll.

Neben der *theologischen* Kompetenz, die man durch das Magisterzeugnis in gewisser Weise vorzeigen kann, braucht es *spirituelle* Kompetenz, also das Verankertsein in einem lebendigen Gottesglauben und die Befähigung, auch andere auf einem geistlichen Weg zu begleiten, ferner *pastorale* Kompetenz, beispielsweise die Fähigkeit, Leitung wahrzunehmen, Personal zu führen, Kommunikation und Zusammenarbeit zu fördern und vor allem auf Menschen zuzugehen. Schließlich, so heißt es in den Rahmenbedingungen der Priesterausbildung, ist *„menschliche Reife"* erforderlich, was unter anderem eine psychische Belastbarkeit und eine lebenslange Lernfähigkeit einschließt.

Für den Priesterkandidaten in der lateinischen Kirche kommt bekanntlich noch die Berufung zu einem ehelosen Leben um des Himmelreiches willen hinzu, das heißt eine langjährige Bewährung in einem ehelosen Leben, Umgang mit Alleinsein und eine gelingende Integration der Sexualität – immer auch als lebenslanger Reifungsprozess verstanden.

„Wer brennt", so Paulus (vgl. 1 Kor 7,36), für den ist es besser zu heiraten. Im Schreiben der deutschen Bischöfe über den priesterlichen Dienst von 1992 heißt es: „Vom biblischen Befund her und angesichts einer anderen geschichtlich gewordenen Praxis in den Kirchen des Ostens gibt es keinen zwingenden Grund, den Zölibat mit dem Weihesakrament zu verbinden" (PrD, 1992, S. 6).

Dennoch unterstreichen sowohl das Konzil wie die Bischofssynode über die Priesterausbildung die Praxis, „die Priesterweihe nur Männern zu erteilen, die den Beweis erbringen, dass sie von Gott zur Gabe der Keuschheit in der Lebensform der bedingungslosen und dauerhaften Ehelosigkeit berufen sind" (Nachsynodales Apostolisches Schreiben *Pastores dabo vobis*, Nr. 29).

Festzuhalten ist: Die Bindung an eine heute von vielen nicht mehr verstandene Lebensform möchte den Menschen *frei machen für die Weite seines Dienstes*: sein Herz nicht *einem* Menschen zu schenken, sondern für alle in gleicher Weise da sein zu können. So jedenfalls hat Paulus seine ehelose Existenz beschrieben: „Bin ich nicht frei? … Haben wir nicht das Recht, eine gläubige Frau mitzunehmen wie die übrigen Apostel und die Brüder des Herrn und Kephas? … Da ich also von niemandem abhängig war, habe ich mich für alle zum Sklaven gemacht, um möglichst viele zu gewinnen … Allen bin ich alles geworden, um auf jeden Fall einige zu retten. Alles aber tue ich um des Evangeliums willen, um an seiner Verheißung teilzuhaben" (1 Kor 9,1–23).

Ohne tiefer in die Thematik einsteigen zu können, doch einige persönliche Anmerkungen: Ich wehre mich dagegen, wenn vorschnell und allzu pauschal von „Zwangs"- oder Pflichtzölibat die Rede ist. Wie viele andere habe auch ich mich frei dafür entschieden und weiß mich erfüllt in dieser Gebundenheit und Freiheit zugleich. Wer seinen Zölibat nur als Zwang oder Last empfindet und dies ein Leben lang, hat wohl keine Berufung zu dieser – möglichen! – Lebensform, oder er lebt unter Bedingungen, die ein solches Leben zu sehr erschweren, die ein Übermaß an Frust, Überlastung und Einsamkeit hochkommen lassen. Die zölibatäre Lebensweise ruft ja nicht nur nach einer tiefen Verbindung mit Gott, einer echten Freundschaft mit Christus und einem Leben im Heiligen Geist, sondern auch nach Gemeinschaft. Noch einmal *Pastores dabo vobis*: „Das geweihte Amt hat eine radikale ‚Gemeinschaftsform' und kann nur als ‚Gemeinschaftswerk' erfüllt werden" (Nr. 17).

Wenn der Priester „für alle" da sein will, so heißt das gewiss nicht, dass er „für alles" da zu sein hätte. Um seine Berufung zu leben und zu bewahren, wird er sich immer neu auf seine Kernkompetenz zu besinnen haben. Petrus hat dies mit den Zwölfen schon in der Urgemeinde von Jerusalem praktiziert, als sie Diakone für die Verwaltung einsetzten: „Es ist nicht recht, dass wir das Wort Gottes vernachlässigen und uns dem Dienst an den Tischen widmen. Brüder, wählt aus eurer Mitte sieben Männer von gutem Ruf und voll Geist und Weisheit; ihnen werden wir diese Aufgabe übertragen. Wir aber wollen beim Gebet und beim Dienst am Wort bleiben. Der Vorschlag fand den Beifall der ganzen Gemeinde“ (Apg 6,2–4).

Wie jeder andere muss auch der Priester darauf bedacht sein, selbst Mensch zu bleiben und sich nicht zu verausgaben, wie schon Bernhard von Clairvaux an seinen früheren Schüler, den damaligen Papst Eugen III., schrieb: „Wenn Du ganz und gar für alle da sein willst, nach dem Beispiel dessen, der ‚allen alles geworden ist‘ (1 Kor 9,22), lobe ich Deine Menschlichkeit – aber nur, wenn sie voll und echt ist. Wie kannst Du aber voll und echt Mensch sein, wenn Du Dich selbst verloren hast? Auch Du bist ein Mensch; damit Deine Menschlichkeit allumfassend und vollkommen sein kann, musst Du also nicht nur für alle andern, sondern auch für Dich selbst ein aufmerksames Herz haben … Wenn also alle Menschen ein Recht auf Dich haben, dann sei auch Du selbst ein Mensch, der ein Recht auf sich selbst hat … Ja, wer mit sich selbst schlecht umgeht, wem kann der gut sein?“[1]

1 Zit. nach: Bernhard von Clairvaux, Gotteserfahrung und Weg in die Welt, hg. von Bernardin Schellenberger, Freiburg i. Br. 1982, 73–77.

4. Aus den Menschen genommen und für die Menschen bestellt

Der folgende Satz aus dem Hebräerbrief ist wieder von Christus her zu verstehen: „Jeder Hohepriester wird aus den Menschen ausgewählt und für die Menschen eingesetzt zum Dienst vor Gott ..." (Hebr 5,1).

Der „Hoheitstitel", den Jesus selbst bevorzugte, war: „der Menschensohn". Darin schwingt vielerlei mit, aber eben auch, dass Jesus einer von uns Menschen war. Die Menschwerdung des Wortes Gottes ist das unverwechselbare Kennzeichen, das Alleinstellungsmerkmal des Christentums gegenüber dem Gottesbild der hebräischen Bibel und gegenüber der anderen großen monotheistischen Religion, dem Islam. „Im Anfang war das Wort, und das Wort war bei Gott, und Gott war das Wort ... Und das Wort ist Fleisch geworden und hat unter uns gewohnt" – dieses programmatische Wort am Beginn des Johannesevangeliums eröffnet den Raum für das, was sich dann im Leben, Wirken und Sterben Jesu von Nazaret in unsere Geschichte hineinbuchstabiert hat. Er, der in allem uns gleich war außer der Sünde, hat unser Menschenschicksal geteilt bis zum Letzten. Ergreifend schildert der Hebräerbrief, der gerade die Erhabenheit des Hohepriestertums Jesu Christi aufzeigt, welcher „das All durch sein machtvolles Wort trägt und weit über die

Engel erhoben ist“ (vgl. Hebr 1,2f), dass dieser Jesus sich nicht scheut, uns seine „Brüder“ [und Schwestern] zu nennen (Hebr 2,11). In allem musste er „seinen Brüdern gleich sein“, um ein barmherziger und treuer Hohepriester vor Gott zu sein; er wurde selbst in Versuchung geführt, hat gelitten und mit lautem Schreien und unter Tränen Gebete und Bitten vor Gott gebracht, der ihn aus dem Tod hätte retten können. „Obwohl er der Sohn war, hat er durch Leiden den Gehorsam gelernt“! Und so steht an einer zentralen Stelle in der Leidensgeschichte Jesu das Wort des Pilatus: „*Ecce homo* – Seht, da ist der Mensch!“ (Joh 19,5).

Die Menschen erwarten vom Priester nicht nur, dass er ein „Gottesmann“ sei, sondern sie wünschen sich gerade *einen Menschen,* in dem ihnen Gottes Liebe und Barmherzigkeit entgegenkommt.

Zur Menschlichkeit des Priesters gehört freilich auch das „Menschlich-allzu-Menschliche“: Auch unter den Amtsträgern „menschelt“ es oft sehr, auch sie sind angewiesen auf Gottes Barmherzigkeit. Mit allen anderen spricht der Priester am Beginn der Messe: „Ich bekenne Gott, dem Allmächtigen, und allen Brüdern und Schwestern, dass ich gesündigt habe ...“ Ich selbst sage manchmal am Beginn eines Bußgottesdienstes: „Liebe Mitsünderinnen und Mitsünder ...“ Eine tiefe Solidarität verbindet uns untereinander, wenn wir uns so unter Gottes Wort stellen, das uns immer auch richtet. Gemeinsam dürfen wir aber auch mit Gottes Barmherzigkeit rechnen. Wer daraus lebt und etwas davon ausstrahlt, kann andere überzeugen: Wie sehr hat etwa Johannes XXIII. durch seine Menschlichkeit und Güte die Welt beeindruckt oder ein Johannes Paul I. die Welt durch sein Lächeln erhellt. Denken wir auch an das bewegende, eindringliche Werben von Papst Franziskus für Barmherzigkeit, ja Zärtlichkeit im Umgang miteinander.

Am priesterlichen Wirken wird manchmal geradezu erschreckend deutlich, wie sehr sich Gott uns Menschen ausgeliefert hat. Gott sagt sein Wort im Menschenwort. Wenn der Priester die Eucharistie feiert oder die Sakramente spendet, stehen Gottes Wort und Gottes Wirken sicher im Vordergrund; doch auch hier ist es für die anderen wichtig, *wie* er dies tut … Im Dienst des Wortes wird dies noch deutlicher: Viel hängt von der Art und Weise ab, *wie* der Priester das Wort „rüberbringt". Für den Priester beinhaltet das eine Spannung, die er ein Leben lang auszuhalten hat. Schon Paulus dankt in seinem Brief den Thessalonichern, dass sie das Wort Gottes, das sie durch seine Verkündigung empfangen haben, „nicht als Menschenwort, sondern – was es in Wahrheit ist – als Gotteswort angenommen" haben (1 Thess 2,13). Als Priester können wir nur darauf vertrauen, dass unsere Zuhörer hinter unseren Worten *sein* Wort wahrnehmen und sich von ihm treffen lassen.

So sehr auch die eucharistische Feier mein ganzes, mein überzeugtes und überzeugendes Dabei- und Dasein verlangt, so gilt hier doch auf ganz besondere, einzigartige Weise: Er wirkt, wie immer ich mich auch fühlen mag. Wie erleichtert bin ich manchmal, wenn ich nach dem Wortgottesdienst, also nach meiner Verkündigung und Predigt, zum Altar gehe, um Eucharistie zu feiern. Jetzt weiß ich, dass alles von *ihm* abhängt und nicht von mir.

An Gestalten wie Petrus und Paulus lässt sich wunderbar ablesen, wie beides, Kraft und Schwachheit, Glaube und Kleinglaube, Göttliches und Menschliches ineinander verschlungen sind und gerade in dieser Spannung durchgehalten werden müssen. So verstehen wir auch das Wort des Augustinus:

> „Wo mich tröstet, was ich mit euch bin,
> da erschreckt mich, was ich für euch bin …"

Ja, was bin ich? Wer bin ich? Es ist die Frage, die Dietrich Bonhoeffer – fast mit dem Unterton der Verzweiflung – in einem Gedicht stellt, das er im Juni 1944 im Gefängnis verfasst hat:

> „Wer bin ich? …
> Bin ich das wirklich,
> was andere von mir sagen?

Oder bin ich nur das,
was ich selbst von mir weiß? …
Wer bin ich?
Der oder jener?
Bin ich denn heute dieser
und morgen ein anderer?
Bin ich beides zugleich? …
Wer bin ich? …
Einsames Fragen treibt mit mir Spott.
Wer ich auch bin:
Du kennst mich,
Dein bin ich, oh Gott!"[2]

5. Der „Priester" als *diakonos*: als Diener

Es gibt wohl keine Selbstbezeichnung, die bei Paulus häufiger zu finden ist, als das Wort Diener (griechisch: *diakonos*), oder noch stärker: Sklave, Knecht (Jesu Christi). Er sah seinen Dienst in der Nachahmung Jesu Christi, von dem es in dem Hymnus im Philipperbrief, der wohl schon zur Zeit des Paulus in der Liturgie der Gemeinde gesungen wurde, heißt:

2 Dietrich Bonhoeffer, Widerstand und Ergebung. Briefe und Aufzeichnungen aus der Haft. Hg. von E. Bethge u. a. (Bd. 8 der Werkausgabe), Gütersloh 1998, S. 513f.

„Er war Gott gleich,
hielt aber nicht daran fest, wie Gott zu sein,
sondern er entäußerte sich
und wurde wie ein Sklave
und den Menschen gleich.
Sein Leben war das eines Menschen,
er erniedrigte sich
und war gehorsam bis zum Tod,
bis zum Tod am Kreuz“ (Phil 2,6–8).

Die Geste der Fußwaschung ist das bleibende, verpflichtende Zeichen priesterlichen Dienstes:

„Wenn nun ich, der Herr und Meister, euch die Füße gewaschen habe, so müsst auch ihr einander die Füße waschen. Ich habe euch ein Beispiel gegeben, damit auch ihr so handelt, wie ich an euch gehandelt habe ... Selig seid ihr, wenn ihr das wisst und danach handelt“ (Joh 13).

Diesen Dienst der Fußwaschung vollzieht der Priester in einem übertragenen Sinn in der Beichte, wo Sünde und Schuld vor ihm ausgesprochen und ihm zugemutet werden, wo Klagen und Tränen ihren Platz haben dürfen. Fußwaschung – das sage ich zu Priestern, denen das manchmal zugemutet wird – kann auch bedeuten, durchaus unpriesterliche Aufgaben zu erfüllen (etwa im Bereich der Verwaltung), die ihnen gerade kein anderer abnehmen kann und an ihnen hängen bleiben. Fußwaschung bedeutet sodann, sich einzusetzen für Hilfesuchende, für Bettler, für Obdachlose ... – ohne deswegen schon zum Sozialapostel zu werden. Ein Priester sollte nie vergessen, dass eines der Versprechen bei der Priesterweihe lautet:

„Seid ihr bereit,
den Armen und Kranken beizustehen
und den Heimatlosen und Notleidenden zu helfen?"

Dienst ist konkrete Liebe, ist Hingabe seines Lebens für die andern, wie Jesus in den Abschiedsreden seinen Jüngern sagt: „Es gibt keine größere Liebe, als wenn einer sein Leben für seine Freunde hingibt" (Joh 15,13).

Diese gewaltige Zumutung des Evangeliums verwirklicht sich in konkreten Situationen, in vielerlei kleinen und großen Gesten. Der Blankoscheck der Hingabe muss ins Kleingeld des Alltags umgemünzt werden. Im Epheserbrief heißt es: „Ahmt Gott nach als seine geliebten Kinder, und liebt einander, weil auch Christus uns geliebt und sich für uns hingegeben hat, als Gabe und als Opfer, das Gott gefällt" (Eph 5,1).

Ein Zehn-Punkte-Katalog zur geistlichen Gesundheit von Seelsorgern schließt mit dem Rat: „Lassen Sie sich nie die Freude an der Hingabe nehmen!"[3]

3 Christoph Jacobs, Auf der Suche nach dem heilenden Menschsein, in: Don Bosco Magazin 4/2000, S. 4–9, hier S. 9.

Im Konzil und in wichtigen nachkonziliaren lehramtlichen Verlautbarungen zum Priestertum ist immer wieder von der „*Hirtenliebe*", einer „pastoralen Liebe", die Rede. Diese Liebe muss spürbar sein in einer Gemeinde, auch für das Gegenüber im seelsorglichen Gespräch. Ein Mensch in einer psychischen Krise sagte mir einmal nach mehreren Begegnungen: „Wenn ich nur glauben könnte, dass Gott mich so liebt und annimmt, wie ich das bei Ihnen spüre!" Glücklicherweise kam dann der Tag, wo diese Person das erfahren durfte. Meiner Pfarrgemeinde sagte ich einmal nach der Rückkehr aus den Ferien, als ich die Menschen wieder mit all ihren Lebensgeschichten, mit Freud und Leid vor mir hatte, ganz spontan, wie sehr ich mich freute und wie gern ich sie habe. So etwas darf auch mal ausgesprochen werden; wenn es aus dem Herzen kommt, dann kommt das auch an!

Wenn mich einer fragen würde, was das tiefste Verständnis meines Priesterseins ist, würde ich sagen: Ich möchte für die Menschen ein Instrument der Liebe Gottes sein.

6. „In Persona Christi“: Gegenüber und mitten in der Gemeinde

Wie treffend ist das zitierte Wort des Augustinus: „Wo mich erschreckt, was ich für euch bin, da tröstet mich, was ich mit euch bin …“ Für euch – mit euch: So kurz und prägnant ist auch der Leitspruch meines früheren Bischofs Viktor Josef Dammertz.

Was ein Priester *für* die anderen ist, kann einen in der Tat erschrecken: *In persona Christi,* in der Person Christi steht er der Gemeinde gegenüber.

Niemals darf dieses Wort dazu missbraucht werden, eigene Macht und eine falsche Autorität vorzuspielen. Ich merke, dass ich einen großen inneren Schritt tun muss, um mich damit zu identifizieren, dass ich für Christus stehe, der das eigentliche Haupt der Gemeinde ist. Am deutlichsten wird dies bei der Sakramentenspendung und am Altar.

Es hat allerdings auch eine ausgesprochen befreiende Seite; denn ich weiß: Ich muss und kann nicht tun, was ER tut. Ich leihe ihm meine Stimme, ja mein ganzes Dasein, wenn ich etwa in der Ich-Form mit seinen Worten sage: „Dies ist mein Leib …“ oder „Ich spreche dich los von deinen Sünden“ (bei der Nottaufe kann übrigens jeder Mensch „diese Rolle spielen“, wenn er es nur im Sinne der Kirche tut!). Am Altar darf ich und muss ich zurücktreten; wie Gertrud von Le Fort es einmal etwas überspitzt gesagt hat: „Der Priester am Altar hat kein Gesicht." Das lateinische Wort *persona* meint ja ursprünglich die Maske des Schauspielers auf der Bühne, der sein Gesicht verdeckt und ganz hinter seiner Rolle zurücktritt.

Es gibt ja neben dem herstellenden auch ein darstellendes Handeln. Der Mensch der Neuzeit ist stark geprägt vom Machbarkeitspathos und von einem Effizienzdenken, das hier fehl am Platz ist. Beim darstellenden Handeln sind wir nur Zeichen für das, was nicht wir erwirken, sondern was uns von Christus her vorgegeben ist, indem wir das Tun Gottes verleiblichen und den Menschen zeichenhaft gegenwärtig setzen. „Bei solchem darstellenden Tun kommt alles darauf an, dass die Handelnden für das, was sie darstellen, transparent sind. So müssen wir immer wieder fragen: Besteht darin unsere erste Sorge, dass Christus durch uns und unser Tun zur Darstellung kommt? Können die Menschen an der Art und Weise unseres Lebens und Handelns erkennen, dass wir für *ihn* stehen und dass wir Werkzeuge *seines* Handelns sind, das Heil schafft und die Kirche aufbaut?" (PrD, 1992, S. 12f).

Dies geschieht, so führen die Bischöfe in diesem Schreiben weiter aus, wenn die Priester selbst die ersten Hörer der Botschaft sind.

Transparent für Christus werden wir zum andern, „wenn wir uns – in allem Einsatz – selbst zurücknehmen und die Menschen nicht an uns, sondern an den

Herrn binden, wenn wir – wie die Schrift sagt – als ‚Freund des Bräutigams' dabeistehen (Joh 3,29) und dem die ‚Hochzeit' überlassen, dem sie gebührt, nämlich Jesus Christus selbst. Hier dürften Ansatzpunkte und Motive liegen, die sogenannten Evangelischen Räte als spezifische Form priesterlicher Spiritualität zu verwirklichen" (PrD, 1992, S. 13).

Ein drittes Bemühen kommt hinzu, nämlich die solidarische Hinwendung zu den Menschen. Bischof Joachim Wanke sagte einmal: „Die Wirksamkeit der priesterlichen Sendung lebt von ihrer Absichtslosigkeit. ... Wir müssen inmitten des allgemeinen Lärms noch viel stiller werden, damit die Hörbereiten aufhorchen können. Ob wir nicht unseren Dienst noch stärker ‚verfremden' müssen, damit er nicht als Service einer Dienstleistungsgesellschaft für sanfte Humanisierung missverstanden werden kann?" (zit. nach: PrD, 1992, S. 15).

Und da ist die andere Wirklichkeit, wie es Augustinus so trefflich formuliert: „... da tröstet mich, was ich *mit* euch bin." Sosehr der Priester seit der Liturgiereform auch sichtbar der Gemeinde gegenübersteht, so sehr ist er doch auch *mitten in der Gemeinde*, repräsentiert er nicht nur Christus, das Haupt seiner Gemeinde, sondern auch seinen Leib, die Kirche.

Es tut dem Priester und der Gemeinde gut, wenn diese den Priester nicht nur am Altar, sondern auch einmal unter den Mitfeiernden in der Gemeinde erlebt, wenn ein Bischof vor einem Beichtstuhl in der Schlange steht (auch wenn es diesen Andrang in Deutschland nicht mehr so häufig gibt) oder wenn der Pfarrer beim Pfarrfest auch schon mal mit Hand anlegt. Es ist in unseren Breiten nicht mehr so häufig, dass ein Priester auch tagsüber einmal betend in der Kirche anzutreffen ist, wie ich es noch als Kind bei meinem Heimatpfarrer in der Dorfkirche erlebt habe: ein sprechendes Zeichen der Verbindung von Füreinander und Miteinander.

7. Priesterbilder im Wandel

Wir leben nicht mehr in der Zeit eines Pfarrers von Ars; bei allem Bleibenden haben sich Priesterbilder im Laufe der Zeit doch auch stark gewandelt. Gleich geblieben ist freilich die Erwartung (und Zumutung!) eines stimmigen Lebens, das Maß nimmt an Jesus Christus, wie es im Weihegebet der Ordination heißt: „Allmächtiger Vater, wir bitten dich, gib diesen deinen Dienern die Würde des Priestertums. Erneuere in ihnen den Geist der Heiligkeit … So sei ihr Leben für alle Vorbild und Richtschnur." Und, bei der Überreichung von Kelch und Hostienschale: „Empfange die Gaben des Volkes für die Feier des Opfers. Bedenke, was du tust, ahme nach, was du vollziehst, und stelle dein Leben unter das Geheimnis des Kreuzes."

In der Auswertung einer Umfrage unter Priestern im Jahr 2000 arbeitete der Pastoraltheologe Paul Zulehner vier Priestertypen heraus, denen sich die Einzelnen jeweils mehr oder weniger zuordnen konnten und die – etwas plakativ – in folgender Weise beschrieben wurden[4]:

– *Der zeitlose Kleriker,* der sich ganz stark in der Repräsentation Christi als Gegenüber zur Gemeinde versteht, an seiner Kleidung als Priester klar erkennbar ist, möglichst lange in einer Gemeinde bleibt und auf die Dauer auch einsam werden kann.

– Sodann gäbe es den *zeitoffenen Gottesmann,* ein Mann der Mitte, der versucht, ganz in Gott verankert zu sein und doch auch ganz bei den Menschen, ein Brückenbauer und Integrationstyp, der Priester, den es heute vor allem bräuchte.

– Dann ist da der *zeitnahe Kirchenmann,* dem die Berufung zum Beruf wird, der mit Rollenvielfalt und Leitungsfunktionen gut umgehen kann, sich mehr als Seelsorger denn als Gemeindepfarrer fühlt, eher eine Führungspersönlichkeit und Einzelgänger, einer, der

4 Vgl. Paul M. Zulehner/Anna Hennersperger, „Sie gehen und werden nicht matt" (Jes 40,31). Priester in heutiger Kultur. Ergebnisse der Studie PRIESTER 2000©, Ostfildern 2001.

aber zugleich auch den Menschen in ihrer Freude und Trauer solidarisch ist.

– Schließlich gibt es noch den *zeitgemäßen Gemeindeleiter,* dem die charismatische Struktur der Kirche am Herzen liegt und der „Diener der Freude" sein will für seine Gemeinde, Dialog und Mitbestimmung hochhält und von allen als Bruder geschätzt werden möchte.

Ganz gleich, welchem „Priestertypus" ich näher stehe (in Reinform gibt es sie wohl kaum), zwei Impulse hält Paul Zulehner, mir scheint mit Recht, bereit für die zukünftige Entwicklung: *Spiritualität* und *Diakonie,* Daheim-Sein im Geheimnis Gottes und konkrete Solidarität mit der Not der Menschen.

Bischof Klaus Hemmerle hat dies einmal sehr prägnant in zwei Fragen formuliert, die am Beginn jeder Sitzung eines Pfarrgemeinderats gestellt werden sollten: „Ist ER da? Und: Sind die andern da, die wir oft als draußen sehen?" Für die in der Mitte und für die am Rand sollte der Priester eine besondere Aufmerksamkeit haben. Er braucht „Leidenschaft für Gott und sein Volk", wie es in einem Buchtitel zum Thema *Priester für das 21. Jahrhundert* heißt.

Im oben genannten Brief der Bischöfe heißt es: „Einerseits geht es darum, eine ‚Kerngemeinschaft' zu bilden bzw. sie zu bestärken; andererseits findet diese Gemeinschaft ihre Identität nur, wenn sie sich für das

Gesamt der Kirche mitverantwortlich fühlt und jenen Menschen zuwendet, die am Rande stehen … In einer solchen Gemeinde wird ein Priester dadurch Hirte sein, dass er seine ganze Kraft auf die Verkündigung des Wortes Gottes richtet, dass er Charismen und Befähigungen zum gegenseitigen Dienst entdeckt, dass er Glaubenserfahrungen initiiert, dass er suchende Menschen geistlich begleitet und dass er die Verbindung mit dem Bischof und dem Nachfolger Petri aufrechterhält" (PrD, 1992, S. 24).

8. Der Priester im Verständnis des Paulus

Was der Priester ist und was er nicht ist, lässt sich gut an der Gestalt des Apostels Paulus ablesen. Er ist der Einzige, der in seinen Briefen ausführlich über sein Selbstverständnis als Apostel und Verkünder der frohen Botschaft reflektiert und seine Gemeinden teilhaben lässt an seinem inneren Ringen mit seiner Sendung und seinen eigenen Stärken und Schwächen. Vieles davon ist bereits angeklungen.

In den Grußformeln seiner Briefe zeigt sich sein starkes Sendungsbewusstsein – so im ersten Brief an die Gemeinde von Korinth, die er selbst gegründet hat:

„Paulus, durch Gottes Willen berufener Apostel Christi Jesu …“ (1 Kor 1,1).

Paulus besteht auf seiner Sendung als Apostel, weil er in seiner Berufung vor Damaskus den Auferstandenen „gesehen“ hat, auch wenn er ihm als Letztem von allen erschienen sei, ihm, „dem Unerwarteten, der ‚Missgeburt‘. Denn ich bin der Geringste von den Aposteln; ich bin nicht wert, Apostel genannt zu werden, weil ich die Kirche Gottes verfolgt habe. Doch durch Gottes Gnade bin ich, was ich bin, und sein gnädiges Handeln an mir ist nicht ohne Wirkung geblieben. Mehr als sie alle habe ich mich abgemüht – nicht ich, sondern die Gnade Gottes zusammen mit mir“ (1 Kor 15,8–10).

Paulus nimmt seine Autorität wahr, wenn er im heiligen Zorn die Galater, die vom Evangelium der Freiheit abgewichen sind, wieder zur Räson bringen will oder wenn er in die Missstände in Korinth autoritativ eingreift. Dabei weiß er sehr wohl zu unterscheiden zwischen dem, was er im Namen des Herrn gebietet (1 Kor 7,10), und dem, was er in eigenem pastoralem Ermessen sagt (1 Kor 12). Hinter diesem Ausüben von Autorität und Einfordern von Gehorsam steht seine tiefe Verbundenheit mit den von ihm gegründeten Gemeinden, die er als „Brief Christi“ bezeichnet, „ausgefertigt durch unseren Dienst, geschrieben nicht mit Tinte, sondern mit dem Geist des lebendigen Gottes“ (2 Kor 3,2). Er will seine Gemeinden wie ein Brautführer als tadellose Braut dem Herrn entgegenführen, in geistlicher Vater- und Mutterschaft:

„Wie eine Mutter für ihre Kinder sorgt, so waren wir euch zugetan und wollten euch nicht nur am Evangelium Gottes teilhaben lassen, sondern auch an unserem eigenen Leben; denn ihr wart uns sehr lieb geworden …. Ihr wisst auch, dass wir, wie ein Vater seine Kinder, jeden Einzelnen von euch ermahnt, ermutigt und beschworen haben zu leben, wie es Gottes würdig ist …“ (1 Thess 2,7–12).

Der ganze zweite Korintherbrief ist ein Ringen und ein Werben um diese seine Autorität in der korinthischen Gemeinde, mit der es seit seinem letzten Aufenthalt ein schweres Zerwürfnis gegeben hat. Ob sie es wohl verstehen, dass er es gut mit ihnen meint, dass er die Einheit der Gemeinde wiederherstellen möchte? Nicht Herr über den Glauben, sondern Diener der Freude möchte er sein. Im Blick auf die Situation in Korinth sagte er schon im ersten Brief: „Was ist denn Apollos und was ist Paulus? Ihr seid durch sie zum Glauben gekommen. Sie sind also Diener, jeder, wie der Herr es ihm gegeben hat. Ich habe gepflanzt, Apollos hat gegossen, Gott aber ließ wachsen“ (1 Kor 3,5f).

Unmittelbar darauf heißt es: „Denn wir sind Gottes Mitarbeiter; ihr seid Gottes Ackerfeld, Gottes Bau.“

Ein großartiges Wort, Mitarbeiter Gottes sein zu dürfen, aber eben auch *nur Mitarbeiter* und *Verwalter.* „Als Diener Christi soll man uns betrachten und als Verwalter von Geheimnissen Gottes. Von Verwaltern aber verlangt man, dass sie sich treu erweisen" (1 Kor 4,1f).

Und ein weiteres Mal taucht im selben Brief kurz darauf das Wort vom Dienst auf, nämlich vom Dienst der Versöhnung: „Ja, Gott war es, der in Christus die Welt mit sich versöhnt hat, indem er den Menschen ihre Verfehlungen nicht anrechnete und uns das Wort von der Versöhnung anvertraute. Wir sind also Gesandte an Christi Statt, und Gott ist es, der durch uns mahnt. Wir bitten an Christ Statt: Lasst euch mit Gott versöhnen" (2 Kor 5,19f).

All dies tut Paulus aus einer inneren Leidenschaft heraus: „Denn die Liebe Christi drängt uns" (2 Kor 5,14). Hat er doch schon in seinem ersten Schreiben nach Korinth freimütig bekannt: „Wenn ich nämlich das Evangelium verkünde, kann ich mich deswegen nicht rühmen; denn ein Zwang liegt auf mir. Wehe mir, wenn ich das Evangelium nicht verkünde! Wäre es mein freier Entschluss, so erhielte ich Lohn. Wenn es mir aber nicht frei steht, so ist es ein Auftrag, der mir anvertraut wurde … Da ich also von niemand abhängig war, habe ich mich für alle zum Sklaven gemacht, um möglichst viele zu gewinnen … Allen bin ich alles geworden, um auf jeden Fall einige zu retten. Alles aber tue ich um des Evangeliums willen, um an seiner Verheißung teilzuhaben" (1 Kor 9,16f.19.22f).

Paulus war kein „Pfarrer" oder Bischof im üblichen Sinn, als Leiter einer Gemeinde oder Diözese; dafür hat er Älteste eingesetzt und andere beauftragt, wie Titus und Timotheus, seine Schüler. Er selbst war – wie Jesus – ein typischer Wanderprediger, der das Evangelium bis an die Grenzen des Römischen Reiches verkündigte und den Grundstein für neue Gemeinden gelegt hat. „Der Gnade Gottes entsprechend, die mir geschenkt wurde, habe ich wie ein guter Baumeister den Grund gelegt; ein anderer baut darauf weiter" (1 Kor 3,10).

Im Normalfall steht heute die Verwaltung der Geheimnisse Gottes im Vordergrund des priesterlichen Dienstes. Man sollte aber nie auf den *Eros der Evangelisierung,* auf die Leidenschaft für die Verkündigung der Frohen Botschaft verzichten, die für Paulus an erster Stelle stand. Sagt doch auch das Zweite Vatikanische Konzil, dass es die erste Aufgabe der Bischöfe (und damit auch der Priester) sei, das Evangelium zu verkünden (*Presbyterorum ordinis,* Nr. 4). Pointiert sagt Paulus seinen Korinthern: „Christus hat mich nicht gesandt zu taufen, sondern das Evangelium zu verkünden, aber nicht mit gewandten und klugen Worten, damit das Kreuz Christ nicht um seine Kraft gebracht wird" (1 Kor 1,17).

Ja, diesen Dienst der Verkündigung sieht Paulus als sein eigentliches „priesterliches Wirken" an; von Gott sei ihm die Gnade gegeben worden, „damit ich als Diener Christi Jesu für die Heiden wirke und das Evangelium Gottes wie ein Priester verwalte; denn die Heiden sollen eine Opfergabe werden, die Gott gefällt, geheiligt im Heiligen Geist" (Röm 15,16).

Diese Option hängt für Paulus sicher auch mit seiner ursprünglichen Berufung, der Sendung zu den Heiden, zusammen und mit der in Jerusalem geschlossenen Vereinbarung, dass sich die anderen Apostel um die Juden, er aber um die Heiden kümmern werde. Im Galaterbrief berichtet er von diesem Handschlag mit Jakobus, Kephas und Johannes und der damit besiegelten Arbeitsteilung: „Denn Gott, der Petrus die Kraft zum Aposteldienst unter den Beschnittenen gegeben hat, gab sie mir zum Dienst unter den Heiden –, und sie erkannten die Gnade, die mir verliehen ist" (Gal 2,8f).

Die Mitte der Verkündigung des Paulus ist der Gekreuzigte: „Wir ... verkündigen Christus als den Gekreuzigten ..., Gottes Kraft und Gottes Weisheit" (vgl. den ganzen Abschnitt 1 Kor 1,18–25).

Nach seinem Scheitern auf dem Areopag in Athen im Gespräch mit den Weisen seiner Zeit hat er sich in Korinth ganz auf die Kreuzesbotschaft „eingeschossen": „Denn ich hatte mich entschlossen, bei euch nichts zu wissen außer Jesus Christus, und zwar als den Gekreuzigten. Zudem kam ich in Schwäche und Furcht, zitternd und bebend zu euch …" (1 Kor 2,3).

Dieses Kreuz war ihm auch selbst auf den Leib geschrieben; bekennt er doch in seinem Kampfesbrief an die Galater: „Ich bin mit Christus gekreuzigt worden; nicht mehr ich lebe, sondern Christus lebt in mir. Soweit ich aber jetzt noch in dieser Welt lebe, lebe ich im Glauben an den Sohn Gottes, der mich geliebt und sich für mich hingegeben hat" (Gal 2,20).

Der Alltag seiner Missionsreisen war gefährlich und äußerst anstrengend: „Ich glaube nämlich, Gott hat uns Apostel auf den letzten Platz gestellt, wie Todgeweihte; denn wir sind zum Schauspiel geworden für die Welt, für Engel und Menschen. Wir stehen als Toren da um Christi Willen …, ihr dagegen seid kluge Leute in Christus. Wir sind schwach, ihr seid stark; ihr seid angesehen, wir sind verachtet … Wir sind sozusagen der Abschaum der Welt geworden, verstoßen von allen bis heute." Er kann so offen zu seinen Korinthern reden: „Denn in Christus Jesus bin ich durch das Evangelium euer Vater geworden. Darum ermahne ich euch: Haltet euch an mein Vorbild!" (1 Kor 4,9–16).

Hinzu kam für ihn noch ein sehr persönliches Kreuz, das er selbst nur mit dem Wort „Stachel" benennt: „Damit ich mich wegen der einzigartigen Offenbarungen nicht überhebe, wurde mir ein Stachel ins Fleisch gestoßen: Ein Bote Satans, der mich mit Fäusten schlagen soll, damit ich mich nicht überhebe. Dreimal habe ich den Herrn angefleht, dass dieser Bote Satans von mir ablasse. Er aber antwortete mir: Meine Gnade genügt dir; denn sie erweist ihre Kraft in der Schwachheit. Viel lieber also will ich mich meiner Schwachheit rühmen, damit die Kraft Christi auf mich herabkommt … Denn wenn ich schwach bin, dann bin ich stark" (2 Kor 12,7–10).

Paulus weiß also sehr wohl um die Anfechtung und Gebrechlichkeit seiner priesterlichen Existenz. So vergleicht er auch den kostbaren Inhalt seiner Botschaft, den Glanz der Heilsbotschaft von der Herrlichkeit Christi mit einem Schatz:

„Diesen Schatz tragen wir
in zerbrechlichen Gefäßen;
so wird deutlich,
dass das Übermaß der Kraft
von Gott und nicht von uns kommt" (2 Kor 4,7).

Kann eine solch überragende, eine in gewisser Weise exzentrische Gestalt wie Paulus überhaupt Vorbild sein für den Priester? Er jedenfalls mutet es uns allen zu: „Ahmt auch ihr mich nach" (Phil 3,17). Ich glaube, dass gerade das innere Ringen des Paulus mit seiner eigenen Schwachheit auch heute noch Mut machen kann, sich auf eine ähnliche Existenzweise einzulassen. Paulus selbst sieht es ja auch als etwas Dynamisches, als einen nach vorne offenen, lebenslangen Prozess. So schreibt er an seine Lieblingsgemeinde in Philippi:

> „Nicht dass ich es schon erreicht hätte
> oder dass ich schon vollendet wäre.
> Aber ich strebe danach, es zu ergreifen,
> weil auch ich
> von Christus Jesus ergriffen worden bin.
> Brüder, ich bilde mir nicht ein,
> dass ich es schon ergriffen hätte.
> Eines aber tue ich:
> Ich vergesse, was hinter mir liegt,
> und strecke mich nach dem aus, was vor mir ist.
> Das Ziel vor Augen,
> jage ich nach dem Siegespreis:
> der himmlischen Berufung,
> die Gott uns
> in Christus Jesus schenkt“ (Phil 3,12–14).

Vor diesem Hintergrund, in diesem Sinne kann er sagen: „Ahmt auch ihr mich nach, Brüder, und achtet auf jene, die nach dem Vorbild leben, das ihr an uns habt“ (Phil 3,17).

Der Priester beim Gemeindeaufbau

Wenn von Gemeinde*aufbau* die Rede ist, muss uns bewusst bleiben, dass dies nur *ein* Bild unter mehreren ist. Und es muss klar sein, dass letztlich Gottes Geist selbst durch die Charismen, die er schenkt, den Leib Christi aufbaut. Paulus selbst etwa hat sich als Baumeister verstanden, der als „Mitarbeiter Gottes" nur mitgeholfen hat, den Grund zu legen. Nach dem ersten Petrusbrief, der vom gemeinsamen Priestertum aller Gläubigen spricht, sind *alle* dazu berufen, an diesem Bauwerk mitzuwirken – durch ihre Offenheit und Bereitschaft: „Lasst euch als lebendige Steine zu einem geistigen Haus aufbauen" (1 Petr 2,5). In einem schon zitierten Wort gebraucht Paulus noch ein anderes Bild, das aus der Natur kommt, das Bild des Gärtners: „Ich habe gepflanzt, Apollos hat gegossen, Gott aber ließ wachsen" (1 Kor 3,6).

Die drei klassischen Grunddienste beim Aufbau der Kirche: *Leiturgia* (Liturgie), *Martyria* (Zeugnis und Verkündigung) und *Diakonia* (Dienst der Diakonie) verbindet das Zweite Vatikanische Konzil mit den drei Ämtern Christi: dem prophetischen, priesterlichen und „königlichen" Amt Christi. Diese Lehre von den drei Ämtern hat sich auf biblischem Hintergrund in der Theologiegeschichte herausgebildet.

Anteil daran haben alle Getauften, die Laien wie – auf ihre Weise – auch die Priester. In den Weiheversprechen, die bei jeder Einführung eines Pfarrers vor der ganzen Gemeinde laut wiederholt werden, verpflichtet sich der Priester durch sein Ja, diesem dreifachen Auftrag Christi, des Propheten, Priesters und Königs, ein Leben lang zu dienen. Die Bereitschaft, „das Priesteramt als zuverlässige Mitarbeiter des Bischofs auszuüben und so unter der Führung des Heiligen Geistes die Gemeinde des Herrn umsichtig zu leiten", bekräftigt der Weihekandidat mit dem Wort „Ich bin bereit", oder „Hier bin ich" (*Adsum*). Dieses Ja wird im weiteren Verlauf der Weiheliturgie durch die beeindruckende Geste noch unterstrichen, dass die Weihekandidaten während der Anrufung der Heiligen ausgestreckt am Boden liegen, als Zeichen ihrer Ganzhingabe, sowie durch das Gehorsamsversprechen an den Bischof, der dann die Hände des Geweihten umschließt.

Nicht übersehen werden darf hier, in welche existenzielle Spannung hinein der Priester sein Versprechen abgibt: in der doppelten Treue „als zuverlässiger Mitarbeiter des Bischofs" und gegenüber der „Führung des Heiligen Geistes". Das kann durchaus zu schmerzlichen Loyalitätskonflikten, ja zur Zerreißprobe in seinem Auftrag führen.

Mit dem Wort „Hier bin ich“ bekundet er im Grunde seine Ganzhingabe an den priesterlichen Dienst in der konkreten Kirche von heute.

Das Tröstliche ist, dass diesem *Adsum* des Priesters ein Wort von Gott vorausgeht, der sich in der Begegnung mit Mose am Dornbusch als der Gott gezeigt hat, „der da ist“. Beim Propheten Jesaia heißt es:

> „Wenn du dann rufst,
> wird er dir Antwort geben,
> und wenn du um Hilfe schreist,
> wird *er* sagen: Hier bin ich!“ (Jes 58,9).

Kommen wir nun zu den Versprechen, die sich auf die Grunddienste der Kirche beziehen:
– den prophetischen der Verkündigung;
– den priesterlichen im Vollzug der Eucharistie und der Sakramente;
– den „königlichen“ im diakonalen Dienst an den Menschen.

I. Der prophetische Dienst der Verkündigung

Der Priester verspricht bei seiner Weihe und bei der Einführung in eine Pfarrgemeinde

„die Bereitschaft,
in der Verkündigung des Evangeliums
und in der Darlegung des katholischen Glaubens
den Dienst am Wort Gottes
treu und gewissenhaft zu erfüllen".

Die Verkündigung des Reiches Gottes war schon der Urauftrag Jesu an seine Jünger, als er sie aussandte: „Und er sandte sie aus mit dem Auftrag, das Reich Gottes zu verkünden und zu heilen" (Lk 9,2).

Wie schon erwähnt wollten sich auch die Apostel in der Urgemeinde von Jerusalem freihalten für die Verkündigung: „Es ist nicht recht, dass wir das Wort Gottes vernachlässigen und uns dem Dienst an den Tischen widmen ... Wir aber wollen beim Gebet und beim Dienst am Wort bleiben" (Apg 6,2.4).

Konsequenterweise unterstreicht das Konzil im Dekret über den Dienst der Priester, *Presbyterorum ordinis*:

„Das Volk Gottes wird an erster Stelle geeint durch das Wort des lebendigen Gottes, das man mit Recht vom Priester verlangt. Da niemand ohne Glaube gerettet werden kann, ist die erste Aufgabe der Priester als

Mitarbeiter der Bischöfe, allen die frohe Botschaft Gottes zu verkünden, um so … das Gottesvolk zu begründen und zu mehren" (Nr. 4).

Hinzukommt, dass die Konzilsväter im Rückgriff auf die Theologie der Kirchenväter die Rede von den „zwei Tischen" wieder aufgegriffen haben, dem Tisch des Wortes und dem Tisch des Brotes: „Die Kirche hat die Heiligen Schriften immer verehrt wie den Herrenleib selbst, weil sie, vor allem in der heiligen Liturgie, vom Tisch des Wortes Gottes wie des Leibes Christi ohne Unterlass das Brot des Lebens nimmt und den Gläubigen reicht" (Dogmatische Konstitution über die göttliche Offenbarung, *Dei Verbum,* Nr. 21).

Als dem Priester bei der Diakonenweihe das Evangelienbuch überreicht wurde, legte ihm der Bischof dazu die „Gebrauchsanweisung" ans Herz: „Empfange das Evangelium Christi: Zu seiner Verkündigung bist du bestellt. Was du liest, ergreife im Glauben; was du glaubst, das verkünde, was du verkündest, erfülle im Leben."

Mit dem Wort „empfangen" ist der Geschenkcharakter dieses Wortes und des Auftrags der Verkündigung angedeutet; ja, es ist dasselbe Wort, mit dem wir von der Kommunion sagen, dass wir „den Leib Christi empfangen". Wie der Empfang der Eucharistie, so will uns auch der „Empfang des Wortes Gottes" verwandeln. Madeleine Delbrêl sagt:

„Die Worte des Evangeliums
durchwalken uns,
verändern uns,
bis sie uns sozusagen
sich einverleiben."

Das Wort empfangen deutet aber auch an, dass es sich hier um einen Wachstums-, ja Geburtsvorgang handelt: Christus in seinem Wort will in uns Gestalt annehmen, Gott will in uns Fleisch werden. Dies wird in den weiteren Worten ausgedeutet: „Was du liest, ergreife im Glauben."

Vom Priester wird erwartet, dass er mit der Heiligen Schrift vertraut ist, gleichsam einen familiären Umgang mit ihr hat, dass er sie „bewohnt". Vor der Verkündigung noch steht als notwendige Voraussetzung, dass ich das Wort des Herrn im Glauben ergreife. Ich selbst muss mich zunächst vom Wort anstecken lassen, bevor ich es verkünde, ich muss ergriffen sein von dem, was ich sage. Denn das Wort Gottes ist zuallererst Begegnung und Dialog. In *Dei Verbum* ist das sehr schön formuliert:

„In dieser Offenbarung redet der unsichtbare Gott aus überströmender Liebe die Menschen an wie Freunde und verkehrt mit ihnen, um sie in seine Gemeinschaft einzuladen und aufzunehmen ... So ist Gott, der einst gesprochen hat, ohne Unterlass im Gespräch mit der Braut seines geliebten Sohnes ..." (Nr. 2).

Der Prediger muss aus diesem Gespräch mit dem Wort Gottes kommen, muss sich auch selbst von diesem Wort befragen und ansprechen lassen, muss diesem Wort auch die Kraft zutrauen, sein Herz und die Herzen der Zuhörer zu bewegen, wie es von der Pfingstpredigt des Petrus heißt: „Als sie das hörten, traf es sie mitten ins Herz, und sie sagten zu Petrus und den übrigen Aposteln: Was sollen wir tun, Brüder? Petrus antwortete ihnen: Kehrt um …" (Apg 2,37f).

Die zweite Bewegung, nachdem ich mich selbst vom Wort habe treffen lassen und es vielleicht auch schon einige Tage bewusst gelebt habe, ist der Blick in die Gegenwart, in die Situation der Zuhörer, so wie Jesus sich auf dem Weg nach Emmaus in ihre Not „hineingehorcht" hat und Philippus auf dem Weg von Jerusalem nach Gaza die Frage und Not des äthiopischen Hofbeamten mitbekommt und mit ihm ein Gespräch anfängt: „Verstehst du auch, was du liest?" – „Wie könnte ich es, wenn mich niemand anleitet?" (Apg 8,30f). Und so steigt er in den Wagen und damit in die Welt des andern ein, um mit ihm zusammen den Text zu lesen und zu verstehen. Glücklich der Priester, der schon in den Tagen vor seiner Sonntagspredigt Gläubige um sich hat, mit denen er das Sonntagsevangelium anschauen, durchgehen und „teilen" kann, sodass auch die Erfahrung der Gemeinde mit in die Verkündigung einfließt. Die Menschen spüren, ob das, was der Priester verkündet, zumindest anfanghaft in seinem Leben und im Leben der Gemeinschaft „erprobt“ und durchbuchstabiert ist.

Karl Borromäus ermahnte in seiner Predigt auf seiner letzten Synode die Priester:

„Mach, dass du vor allem
durch Leben und Tat predigst;
man soll nicht sehen müssen,
dass du anders sprichst, als du tust,
und darum über deine Worte spotten
und den Kopf schütteln!“

„Was du verkündest, erfülle im Leben!“ Johann Michael Sailer schrieb: „Der Geistliche sei lebendiges Evangelium Christi in seiner ganzen Gemeinde.“

Eines tröstet mich in diesem Zusammenhang: Ich werde und ich darf ein Leben lang darum ringen, das zu leben, was ich verkünde, damit Gottes Wort mehr und mehr in mir „Fleisch wird“, Gestalt annimmt. Deshalb steht bewusst als Letztes: „Was du verkündest, erfülle im Leben“ – eine lebenslange Zumutung, aber nicht weniger ein faszinierendes Programm. Ja, Madeleine Delbrêl hat recht, wenn sie sagt:

„Das Evangelium ist das Buch des Lebens des Herrn
und ist da, um das Buch *unseres* Lebens zu werden.“

2. Der liturgische Dienst des Priesters am Altar und bei der Spendung der Sakramente

Auf die Frage nach der Bereitschaft, sich in den Dienst der Verkündigung des Wortes Gottes zu stellen, folgt die Frage:

„Seid ihr bereit,
die Mysterien Christi,
besonders die Sakramente der Eucharistie
und der Versöhnung,
gemäß der kirchlichen Überlieferung
zum Lobe Gottes
und zum Heil seines Volkes
in gläubiger Ehrfurcht zu feiern?"

Bei der Feier der Eucharistie und beim Zuspruch der Vergebung im Sakrament der Versöhnung kommt der Priester mit dem Heiligsten in Berührung. Christus selbst spricht durch seinen Mund und gibt sich in seine Hand, bei der Kommunion in die Hand eines jeden, der ihn empfängt.

Wir können nur staunen angesichts dieses Herabsteigens Gottes zu uns Menschen! Er kann uns nicht nahe genug sein, ja er kommt uns so nahe, dass es uns manchmal schwerfällt, es zu glauben (an einen fernen Gott zu glauben wäre fast leichter!). Es kann auch passieren, dass wir die Messe in das allzu Alltägliche herabziehen und nicht mehr erschaudern vor diesem Geheimnis seiner Liebe.

Natürlich weiß der Priester um das, was Paulus wie folgt ausdrückt: „Wir sind dazu nicht von uns aus fähig, als ob wir uns selbst etwas zuschreiben könnten; unsere Befähigung stammt vielmehr von Gott. Er hat uns fähig gemacht, Diener des neuen Bundes zu sein, nicht des Buchstabens, sondern des Geistes. Denn der Buchstabe tötet, der Geist aber macht lebendig“ (2 Kor 3,5f).

Was dem Priester und allen Gläubigen im Angesicht des großen Mysteriums der Liebe Gottes bleibt, ist: immer wieder neu die Knie davor zu beugen – und zu danken.

Eucharistie heißt Danksagung; eucharistische Menschen sind dankbar und bereit zu teilen, sie werden ihrerseits Brot für die Welt. In seiner frei gehaltenen Ansprache in Freising (14.9.2006) an die Priester sagte Benedikt XVI.:

„Vollziehen wir sie [die Feier der heiligen Messe] nicht wie etwas, das eben ‚dran ist‘ und das ich ‚halt machen muss‘, sondern feiern wir sie von innen her! Geben wir uns in die Worte, in die Handlungen, in das Geschehen hinein, das da wahr ist! Wenn wir die Messe betend feiern, wenn wir dieses ‚Das ist mein Leib‘ wirklich aus der Gemeinschaft mit Jesus Christus heraus sprechen, der uns die Hände aufgelegt hat und uns ermächtigt hat, mit diesem seinem Ich zu sprechen, wenn wir glaubend und betend von innen her Eucharistie begehen, dann ist sie nicht eine äußere Pflicht, dann ist die ‚ars celebrandi' [die Kunst, recht zu zelebrieren] von selbst da, die eben darin besteht, es vom Herrn her und mit ihm und so recht für die Menschen zu tun. Dann werden wir dabei selbst immer neu beschenkt und bereichert und geben zugleich das, was mehr ist als unser Eigenes, nämlich die Gegenwart des Herrn, an die Menschen weiter."

Ähnliches gilt von der Spendung der anderen Sakramente, insbesondere des Bußsakraments, in dem der Beichtende die barmherzige Umarmung des liebenden Vaters erfahren soll, wie es Johannes Paul II. einmal in einem Brief an die Priester ausgedrückt hat. Der große Seelsorger Johann Michael Sailer sagte den Beichtvätern:

„Legt den zerschlagenen Herzen keine Last auf,
die ihr selbst nicht tragt
und die Christus nicht auflegen würde.
Führt sie zu Christus,
dass sie glauben, hoffen, lieben lernen.
Können sie das, so können sie alles …
Traut euch nichts, Gott hingegen alles zu;
tut, was ihr vermögt,
und betet an, wo ihr nichts vermögt;
sät, wo ihr könnt,

aber nur Gottes Samenkorn,
und jedes Mal so viel,
wie das Erdreich tragen kann.
Kurz, seid menschlich gegen Mitsünder,
demütig gegen Miterlöste,
voll Achtung gegen Miterben der Heiligkeit,
voll Liebe gegen die Kinder eines Gottes,
der unser aller Vater ist.
Wer selbst Gnade gefunden hat,
der wird in den Sünden anderer
seine eigene Sündhaftigkeit
und in den Erbarmungen Gottes gegen die Sünder
die Erbarmungen seines Herrn gegen sich selbst
demütig und dankbar erkennen."[5]

3. Der Priester als Geistlicher

Es ist interessant, dass in der erneuerten Weiheliturgie nach dem Konzil die klassische Trias (Liturgie, Verkündigung und Diakonie) unterbrochen wird durch eine weitere Frage, nämlich die nach dem Gebet des Priesters:

5 Vorlesungen aus der Pastoraltheologie (Sämtliche Werke, Bd. 2), Sulzbach 1835, S. 414f.

„Seid ihr bereit, zusammen mit dem Bischof
im Gebet, das uns aufgetragen ist,
Gottes Erbarmen
für die euch anvertraute Gemeinde zu erflehen?"

Christliche Spiritualität ist zunächst einmal die Spiritualität von allen Gläubigen: das Evangelium zu leben und sich unter das Wort Gottes zu stellen. Für den Priester bekommt sie in seinem Dienst an Gott und den Menschen eine besondere Prägung. Priesterliche Askese, so Benedikt XVI. in der oben genannten Ansprache, „ist nicht neben dem seelsorglichen Tun anzusiedeln, also eine zusätzliche Last und ein weiteres Pensum, das meinen Tag noch mehr überfrachtet. *Im Wirken selbst* lerne ich mich überwinden, mein Leben lassen und hergeben. *In der Enttäuschung* und im Misserfolg lerne ich verzichten, Schmerz annehmen, mich loslassen. *In der Freude* des Gelingens lerne ich Dankbarkeit. Im Vollzug des Sakramentes empfange ich sie selber innerlich mit".

Dies bedeutet natürlich nicht, dass es nicht auch „ausgesparte Zeiten" für das persönliche Gebet (Schriftlesung, Meditation, Anbetung) und das verpflichtende Stundengebet geben muss. Sich dafür Zeit zu nehmen sollte dem Priester keine Gewissensbisse machen! Ich muss einfach lernen, in meiner Pastoral „das zu tun, was ich kann, das andere Gott und den Mitarbeitern zu überlassen und zu sagen: Am Ende musst es ja du machen, denn die Kirche ist deine Kirche. Und du gibst mir so viel Kraft, wie ich eben brauche“ (Benedikt XVI.).

Ja, die Zeit der unmittelbaren Begegnung mit Gott im Gebet darf mit gutem Recht als „die pastorale Priorität schlechthin“ bezeichnet werden: „Sie ist das Atemholen der Seele, ohne das der Priester notwendig ‚außer Atem‘ kommt und ohne den ‚Sauerstoff‘ des Optimismus und der Freude bleibt, den er braucht, um sich Tag um Tag aussenden zu lassen als Arbeiter für die Ernte des Herrn“ (ebd.).

So gibt uns die Kirche durch das verpflichtende Stundengebet „gleichsam die Freiräume vor, die einerseits Räume des neuen inneren ‚Aus- und Einatmens‘ und zugleich Mittelpunkt und Quellgründe des Dienens sind“ (ebd.). Beim Stundengebet trete ich ein in das Gebet des ganzen Gottesvolkes. Rund um den Erdkreis verbinde ich mich mit dem Gebet Jesu, der dieselben Psalmen gebetet hat, und setze die Priorität, die schon die Apostel in der Urgemeinde gesetzt haben: „Wir aber wollen beim Gebet und beim Dienst am Wort bleiben“ (Apg 6,4).

An der Zeit, die ich dem Gebet schenke, zeigt sich, wie viel mir Gott Wert ist. Ist doch meine Zeit etwas vom Kostbarsten im Leben, ein Stück meines Lebens selbst. Dabei darf ich in dieses Gebet all die vielen Anliegen hineinnehmen, die mir in der Seelsorge anvertraut werden, wie schon Paulus seinen Philippern schreibt:

„Ich danke meinem Gott jedes Mal, wenn ich an euch denke; immer, wenn ich für euch alle bete, tue ich es mit Freude …“ (Phil 1,3).

In der vierten Präfation an Werktagen lässt uns die Kirche beten: „Du bedarfst nicht unseres Lobes, es ist ein Geschenk deiner Gnade, dass wir dir danken. Unser Lobpreis kann deine Größe nicht mehren, doch uns bringt er Segen und Heil.“

So wird mir durch die Verpflichtung zum Gebet ein Freiraum eröffnet, der von keinem infrage gestellt wird. Im Gegenteil: Ob es nicht manchmal unsere Gläubigen merken, wenn ein Priester zu wenig betet, zu wenig aus einer inneren Mitte heraus spricht und handelt, zu wenig den Schatz durchscheinen lässt, der hinter dem zerbrechlichen Gefäß von uns Priestern leuchtet? Das Konzil hat eine sehr einfache Antwort auf die Frage, wie die Priester bei aller Aktivität und pastoraler Anforderung noch die innere Mitte bewahren können: „… wenn sie in der Ausübung ihres Amtes dem Beispiel Christi des Herrn folgen, dessen Speise es war, den Willen dessen zu tun, der ihn gesandt hatte, um sein Werk zu vollenden“ (*Presbyterorum ordinis,* Nr. 14).

Gottes Wille über jedem Augenblick ist immer einfach: Gott will nie zwei Dinge auf einmal! Das zu wissen, kann zu einem inneren Frieden befreien, der ansteckend ist.

Natürlich muss auch dem Priester klar sein, dass es so etwas wie einen „Archetyp" des Priesters im kollektiven Bewusstsein gibt, der mitschwingen kann und der wieder eher, wie in allen Religionen, kultischen Charakter aufweist: die Sehnsucht nach dem Heiligen, dem Religiösen, dem Göttlichen. Viele Menschen erwarten vom Gottesmann himmlischen Segen. Es ist gut, wenn der Priester – verstärkt durch seine zölibatäre Lebensweise – ein Fingerzeig zum Himmel ist, vielleicht auch ein Symbol für die Sehnsucht der Seele, von der Augustinus sagt:

> „Du hast uns auf dich hin geschaffen,
> und unruhig ist unser Herz, bis es ruht in dir."

Noch einmal aus dem Brief der Bischöfe: „Auch in unserer heutigen Welt gibt es ein religiöses Sehnen (nicht selten in säkularisierter Form), das heißt ein Bedürfnis nach Transzendenz, Sinnerschließung und Sakralität" (PrD, 1992, S. 26). Und sie stellen die Frage, wie weit wir uns – ohne Verrat an der Unbedingtheit des christlichen Glaubens – einer „diffusen Religiosität" annehmen müssen, etwa durch Segnung, Sakramentalien und religiösen Zuspruch? Dies mag im Einzelfall eine Gratwanderung sein, kann aber auch zu einer ersten oder vertieften Begegnung mit Kirche führen. Vielleicht muss man, wie Jesus es für sich beanspruchte, ab und zu die 99 Schafe zurücklassen, um dem hundertsten, dem verlorenen, nachzugehen.

4. Der diakonische Dienst des Priesters als Seelsorger

Die „Freistellung vom Dienst der Tische", von der in der Apostelgeschichte die Rede ist und die in gewisser Weise für den Priester gilt, bedeutet natürlich nicht, kein Auge zu haben für die Not der Menschen, die Armen und Kranken. Ausdrücklich muss er die Bereitschaft erklären, „den Armen und Kranken beizustehen und den Heimatlosen und Notleidenden zu helfen". Dieses Versprechen fehlt auch nicht in der Weihe der Diakone und in der Bischofsweihe. Wenn Gott selbst die Liebe ist und damit auch der Mensch seinem Wesen nach als Ebenbild Gottes auf Liebe hin geschaffen ist, kann die Grundbotschaft des Christentums keine andere sein:

> „Wer nicht liebt, hat Gott nicht erkannt;
> denn Gott ist die Liebe" (1 Joh 4,8).

Das Neue und Faszinierende am Christentum war seit Anbeginn die konkret gelebte Diakonie: „Seht, wie sie einander lieben!"

Aus der Todeszelle schreibt Alfred Delp SJ, Blutzeuge unter Hitlers Fallbeil: Ob die Kirche noch einmal einen Weg zu den Menschen finde, hänge an der „Rückkehr der Kirchen in die Diakonie: in den Dienst an der Menschheit". Er erklärt: „Damit meine ich das

Sich-Gesellen zum Menschen in allen seinen Situationen mit der Absicht, sie ihm meistern zu helfen … Damit meine ich das Nachgehen und Nachwandern auch in die äußersten Verlorenheiten und Verstiegenheiten des Menschen, um bei ihm zu sein genau und gerade dann, wenn ihn Verlorenheit und Verstiegenheit umgibt. ‚Geht hinaus', hat der Meister gesagt, und nicht ‚Setzt euch hin und wartet, bis einer kommt'."[6]

Das „Sakrament der Fußwaschung" können alle spenden. Den Aposteln, seinen Jüngern hat es Jesus jedenfalls sinnenfällig ans Herz gelegt, als er selbst sich vor ihnen niederkniete und die Seligpreisung anschloss: „Ich habe euch ein Beispiel gegeben, damit auch ihr so handelt, wie ich an euch gehandelt habe … Selig seid ihr, wenn ihr das wisst und danach handelt" (Joh 13,15).

Louis Evely schreibt: „Ihr könnt von allen Sakramenten dispensiert werden …; aber es gibt ein Sakrament, eine Gegenwart Christi, an der ihr immerwährend teilnehmen könnt: an dem demütigen Dienst für den Nächsten. – Es wird immer die Füße des Nächsten geben … Der heilige Johannes wollte uns durch den Bericht von der Fußwaschung zu verstehen geben, dass es ein unbedingt notwendiges Sakrament gibt, und über dieses werdet ihr gerichtet werden, nicht über eure Kommunionen, nicht über eure Beichten,

6 Alfred Delp, Im Angesicht des Todes, München 1947, S. 109f.

nicht über eure Taufe ..., sondern über eure Fußwaschung."[7]

Die Armen und Kranken sind in unserer westlichen Gesellschaft meist verborgen. Es gibt viele, die arm sind an Beziehungen, denen die Perspektive im Leben fehlt; es gibt viele, die krank sind an Seele und Psyche, einsam, depressiv oder verzweifelt. Ein unendlich weites Feld an Seelsorge tut sich für den Priester auf. Selbstverständlich kann und darf er nicht versuchen, „den Psychologen zu spielen" oder ihn zu ersetzen. Es gibt spezifische Zuständigkeiten und Kompetenzen, und es ist auch gut, dass viele haupt- und ehrenamtliche soziale und pastorale Mitarbeiter und Mitarbeiterinnen sich der Menschen in Krisensituation annehmen. Doch es bleibt dabei, dass Jesus uns nicht nur gesandt hat, das Reich Gottes zu verkündigen, sondern auch zu heilen und dem Bösen zu wehren.

Viele Menschen sehen im Priester gar nicht zuerst den Mann am Altar und auf der Kanzel oder den „Funktionär" bei Taufe, Trauung oder Beerdigung, sondern spontan den Seelsorger. Genau das ist die Chance und zugleich Not vieler Priester, dass sie von den vielen „pastoralen Anlässen" und von Verwaltungsaufgaben so in Anspruch genommen sind, dass immer weniger Zeit für Seelsorge bleibt, für das Ge-

7 Louis Evely, Neuer Wein in neue Schläuche, Graz 1967, S. 127f.

spräch mit Menschen, die in inneren Nöten oder auf der Suche sind oder die einen geistlichen Weg gehen möchten und um ihre Berufung ringen. „Gleitet uns die Seelsorge aus den Händen?“, fragte Bernardin Schellenberger schon vor über zwanzig Jahren.[8]

Manch einer wagt den Priester gar nicht mehr anzusprechen, ob er ein wenig Zeit für ihn habe. Bewusst habe ich einmal meiner Gemeinde „von der Kanzel“ gesagt, dass ich *immer* Zeit habe, wenn ich wirklich gebraucht werde. Wenn nicht heute, dann sicher morgen. Es sollte auch eine Selbstverpflichtung sein …
Ich fürchte, dass manchen viel beschäftigten Pfarrern auch die Kompetenz für seelsorgliche Gesprächsführung, die Kunst hinzuhören und einen geistlichen vertrauensvollen Raum zu schaffen für ein gelingendes Gespräch, der Eros für echte Seelsorge abhandenkommen kann. Die Leute spüren sehr deutlich, ob und wann sie sich einem Priester anvertrauen können.

Vergessen wir auch nicht, wie kostbar gerade die mannigfaltigen Erfahrungen im Beichtgespräch, am Krankenbett, die Begleitung von Einkehrtagen sein können. Sie sind nicht nur eine Herausforderung, die eine starke Präsenz erfordern, sondern zugleich ein Geschenk; denn hier wird oft Gottes Handeln am Menschen geradezu handgreiflich erfahrbar!

8 Bernardin Schellenberger, Wider den geistlichen Notstand, Freiburg 1991.

5. Der Priester als Hirte und Diener der Einheit

Wir erleben den Priester als Liturgen, Prediger und Seelsorger, zugleich aber auch als den Pfarrer, den Leiter der Gemeinde. Dies erfordert vom Priester, Autorität wahrzunehmen (wovor man sich manchmal gerne drücken würde, wenn es unangenehm wird); es erfordert Personalführung und Verwaltung. Dies muss auch einem jungen Seminaristen deutlich sein, wenn er sich auf diesen Beruf einlässt. Sicher hat nicht jeder die Fähigkeit, eine große Seelsorgseinheit verantwortlich zu leiten, doch der Auftrag, die Gemeinde und die verschiedenen Dienste zur Einheit zu führen, gehört innerlich zum Priesterberuf.

Die Wirksamkeit und Anziehungskraft einer Gemeinde hängt wesentlich von ihrer Einheit ab. Wie schmerzlich erleben wir die fehlende Einheit unter den christlichen Konfessionen weltweit; hautnah können wir aber auch Spannungen und Spaltung in so manchen unserer Pfarreien oder auch in einem Bistum feststellen. Wir wissen, wie inständig Jesus in seinem Hohepriesterlichen Gebet am Ende seiner Abschiedsreden den Vater bittet, dass seine Jünger eins seien (Joh 17). Schon die Urgemeinde von Jerusalem ist von einer tief greifenden Spaltung durchzogen, was die Zulassung von Heiden ohne Beschneidung betraf; doch man überwand sie im Apostelkonvent und reichte den Störenfrieden Paulus und Barnabas einvernehmlich die Hand für ihre Sendung zu den Heiden – die Grundvoraussetzung, dass das Christentum zu einer Weltreligion werden konnte. Derselbe Paulus musste dann in der mit vielen charismatischen Gaben gesegneten Gemeinde Korinth Frieden stiften, als ihm berichtet wurde, dass es Zank und Streit unter ihnen gab, dass der eine zu Paulus, der andere zu Apollos oder zu Kephas oder zu Christus hielt: „Ist denn Christus zerteilt?" (1 Kor 1,12f).

Wo Leben ist, wo sich unterschiedliche Gaben und unterschiedliche Charismen gleichsam im Wettstreit untereinander für die gemeinsame Sache einsetzen, gibt es zwangsläufig auch Spannungen. In diese Spannungen hinein ist gerade der Priester gestellt. Wie oben im Zusammenhang mit dem ersten Weiheversprechen angedeutet, steht er ja schon in der Grundspannung zwischen Amt und Charisma: Er soll die Einheit mit dem Bischof wahren und zugleich vor Ort auf das hinhören, „was der Geist den Gemeinden sagt". Kirche ist dort, wo der Bischof ist (*ubi episcopus, ibi ecclesia*), Kirche ist aber auch dort, wo Gottes Geist sich zu Wort meldet (*ubi spiritus, ibi ecclesia*).

Der Priester soll die verschiedenen Gaben so ins Spiel bringen, dass sie dem Aufbau der Gemeinde dienen. Er muss die Einheit mit dem Bischof und der Weltkirche wahren, also die Katholizität seiner Gemeinde, zugleich aber auch ihre Apostolizität garantieren, das heißt die Treue zum Ursprung und zur gewachsenen Tradition der Kirche. Wenn es ihm gelingt, in brüderlicher Autoritätsausübung diese für die Kirche so wesenhafte Vernetzung durchzuhalten und zu beleben, hat er seinen Auftrag erfüllt. Vergessen wir nicht, dass das letzte Ziel und die eigentliche Frucht der Eucharistie (die Höhepunkt und Quelle allen kirchlichen Tuns ist), die Einheit ist, die „Verwandlung" der Gemeinde in den Leib Christi. Augustinus bringt es auf den Punkt: „Seid, was ihr empfangt: Leib Christi!"

Ob das dem die Messe feiernden Priester und den mitfeiernden Gläubigen immer so deutlich ist? Wo Liebe und Einheit ist, da wird Gottes Gegenwart erfahrbar. Da kann geschehen, was Paulus der korinthischen Gemeinde zutraut: dass einem Ungläubigen, der zur Gemeinde stößt, sein „innerstes Herz" aufgedeckt wird. „Und so wird er sich niederwerfen, Gott anbeten und ausrufen: Wahrhaftig, Gott ist bei euch!" (1 Kor 14,25).

Die Pastoral ist in unserer Kirche in aller Munde. Dass sich dahinter das Wort vom *Pastor* verbirgt, vom Hirten, ist häufig nicht mehr bewusst. Das Bild vom Hirten ist manchem fremd, weil einem Großstadtmenschen häufig die Anschauung fehlt oder weil bei diesem Wort mitklingen könnte, die Gläubigen seien „Schafe". Seit ich einmal die Gastfreundschaft von Hirten auf den Hochebenen von Sardinien erlebt habe,

habe ich einen anderen Zugang zu diesem Bild, zum „Hirtenberuf" gefunden. Im Übrigen ist es ja ein geläufiges Bild in der Bibel, das man vor allem für Könige und Priester gebrauchte. Und in Zeiten, da gute Hirten rar waren, hat Gott selbst sich seinem Volk als Hirte angeboten – als Zeichen seiner liebevollen Sorge um sein zerstreutes Volk im Exil (vgl. Jes 41). Jesus selbst schließlich wendet sich uns zu als der gute Hirte, der die Herde nicht verlässt, der uns vorausgeht und sein Leben für uns hingibt (vgl. Joh 10,1–18).

Vor diesem Hintergrund bezeichnen die deutschen Bischöfe in ihrem Schreiben von 1992 den priesterlichen Dienst als *Hirtendienst*. Sie betonen, „dass christlicher Dienst sich nicht in Aufgaben und Funktionen erschöpft, sondern wesentlich im Einsatz der ganzen Persönlichkeit für Christus besteht, der unser Sein für immer bestimmt und der uns teilhaben lässt an seinem Amt als Priester, Prophet, Lehrer und Hirte"; im priesterlichen Dienst „will die Hirtensorge Gottes und das Hirtenamt Jesu Christi durch die Geschichte weitergehen, freilich in der Weise, dass das kirchliche Amt in seinem Tun auf den einzigen Hirten der Kirche, auf Jesus Christus, verweist und ganz für ihn und sein Handeln transparent ist" (PrD, 1992, S. 18). Das Bild vom Hirten möchte deshalb spüren lassen, dass es sich bei dem priesterlichen Dienst um einen „besonderen Auftrag hingebungsvoller, einheitstiftender Leitung und eine Indienstnahme für das Evangelium" handelt,

„die ihren Grund in der besonderen Sendung durch Christus hat und nicht einfach in einer Delegation durch die Gemeinde oder in einer rein soziologisch geforderten Leitungsfunktion gründet“ (ebd, S. 19). „So gehören Hirtendienst der Einheit, Verkündigung des Wortes, Feier der Sakramente und Bruderdienst innerlich zusammen. Alle miteinander verflochtenen Größen machen die Gestalt des priesterlichen Amtes aus“ (ebd., S. 21).

Gemeinsam, nicht einsam

1. Maria und Johannes unterm Kreuz

In der Weiheliturgie wird dem Priester bei der Überreichung von Brot und Wein folgender Auftrag übergeben: „Empfange die Gaben des Volkes für die Feier des Opfers. Bedenke, was du tust, ahme nach, was du vollziehst, und stelle dein Leben unter das Geheimnis des Kreuzes."

Unterm Kreuz zu stehen hat Jesus *allen*, nicht nur dem engeren Kreis seiner Jünger und Apostel zugemutet. Bei Lukas heißt es: „Zu allen sagte er: Wer mein Jünger sein will, der verleugne sich selbst, nehme täglich sein Kreuz auf sich und folge mir nach" (Lk 9,23).

Dass dies dem Priester in besonderer Weise abverlangt wird, ergibt sich aus der Nähe zur Feier des Opfers Christi, das er mit allen Gläubigen und der ganzen Kirche, aber doch zugleich *„in persona Christi"* darbringt.

Paulus hat diese tiefe Verbindung mit Christus ganz existenziell gelebt; er schreibt: „Ich bin mit Christus gekreuzigt worden; nicht mehr ich lebe, sondern Christus lebt in mir. Soweit ich aber jetzt noch in dieser Welt lebe, lebe ich im Glauben an den Sohn Gottes, der mich geliebt und sich für mich hingegeben hat" (Gal 2,19f). Kennzeichnend für priesterliche Spiritualität ist deshalb der lebenslange Versuch, das eigene Leben Christus gleichzugestalten, sich von ihm ergreifen zu lassen und Freundschaft mit Christus zu leben. Das letzte der Weiheversprechen, das alle anderen zusammenfasst, besagt, sich „Christus, dem Herrn, von Tag zu Tag enger zu verbinden und so zum Heil der Menschen für Gott zu leben".

Auch hier ist die erwähnte Dynamik eines lebenslangen Bemühens enthalten – im Sinne des Paulusworts: „Ich bilde mir nicht ein, dass ich es schon ergriffen hätte, eines aber tue ich: Ich vergesse, was hinter mir liegt, und strecke mich nach dem aus, was vor mir ist" (Phil 3,13). Nicht umsonst sagt der Bischof dem Kandidaten nach dem Gehorsamsversprechen: „Gott selbst vollende das gute Werk, das er in dir begonnen hat."

Diese Nachfolge oder Nachahmung Christi ist keine „fromme Übung", sie bedeutet vielmehr, sich in die Spannung hineinzustellen, die Jesus am Kreuz ausgehalten hat, wenn er die Gottverlassenheit dieser Welt durchlebt und hinausgeschrien hat: „Mein Gott, mein Gott, warum hast du mich verlassen?" (Mt 27,46). Es ist hier nicht der Ort, im Einzelnen aufzuzeigen, wie diese Freundschaft mit Christus immer wieder neu gesucht und gefunden werden muss.[9]

Eine Szene aus dem Johannesevangelium kann uns im Blick auf die Kreuzesnachfolge Wichtiges sagen. Unter dem Kreuz Jesu stand nicht nur Johannes, der Jünger, der Apostel und „Priester", sondern auch Maria. In einem letzten feierlichen Vermächtnis vom Kreuz herab werden die beiden von Jesus für immer aufeinander verwiesen: „Frau, siehe, dein Sohn! … Siehe, deine Mutter! Und von jener Stunde an nahm sie der Jünger zu sich" (Joh 19,26f).

Johannes, der Apostel, nimmt Maria zu sich nach Hause. Maria ist die, die Jesus der Welt geschenkt und ihn ein Leben lang meist schweigend und im nackten Glauben begleitet hat. Wenige Worte sind von ihr überliefert, wie ihr „Ja" bei der Verkündigung, der Lobpreis des Magnifikat, die Frage an den Zwölfjährigen im Tempel: „Kind, wie konntest du uns das antun?" (Lk 2,48) oder der Hinweis bei der Hochzeit zu Kana: „Sie haben keinen Wein mehr … Was er euch sagt, das tut" (Joh 2,3–5). Ansonsten bewahrte sie alles in ihrem Herzen, wohl auch das Wort des greisen Simeon: „Dir selbst aber wird ein Schwert durch die Seele dringen" (Lk 2,35). So befremdlich die abweisende Entgegnung

9 Vgl. hierzu: Wilfried Hagemann, Freundschaft mit Christus, München 2012.

Jesu auf den Hinweis, seine Mutter und Verwandten wollten ihn sehen, auch klingen mag, man kann darin auch eine Seligpreisung seiner Mutter sehen: „Meine Mutter und meine Brüder sind die, die das Wort Gottes hören und danach handeln" (Lk 8,21) – wie Maria es getan hat.

Dass Johannes auf Maria verwiesen wird und sie zu sich nimmt, verstehen viele auch als Hinweis, dass das Priestertum des Dienstes, verkörpert in Johannes, ergänzt und unterfangen sein muss vom gemeinsamen Priestertum aller Gläubigen, verkörpert durch Maria, „die erste Christin". Im Blick auf sie, im Versuch, nach ihrem Vorbild zu leben und den Weg des Glaubens zu gehen, findet mein Christsein (und so auch mein Priestersein) Orientierung: Maria wird uns in der Heiligen Schrift gezeigt als die Glaubende, als Mensch, der vorbehaltlos Ja gesagt hat zu der (schier unmöglichen) Berufung, als jemand, der den Weg Jesu mitgegangen ist, bis zu ihrem Stehen unter dem Kreuz, als Wartende und Betende im Pfingstsaal, wo Maria unter den Aposteln war (auf östlichen Ikonen oft als die *Ecclesia orans*, die betende Mitte der Kirche, dargestellt).

Maria ist in ihrem Leben meist im Hintergrund geblieben, um Raum zu schaffen für Jesus und auf ihn zu verweisen: „Was er euch sagt, das tut!" Häufig wird Maria dargestellt, wie sie uns das Kind zeigt und entgegenhält, wie eine Monstranz für ihn. Dies trifft sich wieder mit dem, was oben gesagt wurde über die notwendige Grundhaltung des Priesters: auf Christus hin transparent sein, sich selbst zurücknehmen, damit Christus „wachsen" kann, wie Johannes der Täufer von sich sagte: „Er muss wachsen, ich aber muss kleiner werden" (Joh 3,30).

Für viele Priester gehört eine auch emotionale Beziehung, ein Vertrautsein mit Maria wesentlich zu ihrer Spiritualität. Sollte die Mutter Jesu, wie damals Johannes und die Apostel, nicht auch heute den Priestern in besonderer Weise nahe sein? Jedenfalls dürfen wir uns ihr anvertrauen wie Johannes, den der Gekreuzigte auf Maria als „seine Mutter" verwiesen hat. Eine so verstandene marianische Frömmigkeit kann wie ein warmer Golfstrom, wie eine mütterliche Komponente Leben und Dienst des Priesters durchtränken.

Ein weiterer Aspekt: Wenn Johannes auf Maria, die kein „priesterliches Amt" innehatte, verwiesen wird, ist das nicht auch Hinweis darauf, dass der Priester, dass *die* Priester verwiesen sind auf alle, die glauben, auf das ganze Gottesvolk, auch auf die sogenannten Laien? Wenn Papst Franziskus bei seinem allerersten Auftritt um das Gebet der Gläubigen gebeten hat, bevor er ihnen seinerseits den Segen gab, zeigt das symbolhaft die tiefe Verwiesenheit aller aufeinander im Volk Gottes. Mit Maria den Weg Jesu gehen, das heißt: *miteinander* unterwegs sein.

2. Nicht *der* Priester, sondern *die* Priester

Dieses Wort hat Bischof Hemmerle bei einem Kongress von 8000 Priestern in Rom 1982 geprägt: Man könne nicht über den Priester reden, ohne zugleich von *den* Priestern zu sprechen. Denn *der* Priester ist Christus, er allein – und auch er lebt ganz im Geist und aus der Beziehung zum Vater: in Gemeinschaft!

Der neutestamentliche Priester versteht sich immer als Teil eines Ganzen, zuallererst als einer, der zum Gottesvolk gehört, sodann aber auch als Teil des Presbyteriums, in das hinein er geweiht worden ist. Genauso wenig ist der Bischof ein Einzelkämpfer; er ist durch die Weihe hineingenommen in die weltweite Kollegialität der Mitbischöfe mit dem Bischof von Rom, dem Papst. Die Sendung hat Jesus dem Petrus (der zugleich auch einer „der Zwölf" ist) und dem ganzen Jüngerkreis anvertraut. Es ist der Zwölferkreis, der nach der Auferstehung sich wieder sammelt und zum Ursprung der entstehenden Kirche wird. Gemeinsam werden die wesentlichen Entscheidungen gefällt.

Als Paulus in Antiochia zu seiner Missionsreise ausgesandt wird, wird ihm und Barnabas die Sendung durch Handauflegung übertragen. Schon Jesus sandte bekanntlich seine Jünger zu zweien aus (vgl. Lk 10,1). Dahinter steht sicher auch die jüdische Regel, dass jede Aussage von zwei oder drei Zeugen beglaubigt werden muss; die Kirchenväter aber gehen in ihrer Deutung noch weiter, wenn sie sagen: Die Jünger sind gesandt, um das Gesetz Christi zu verkünden: die gegenseitige Liebe; und um diese glaubhaft zu verkünden, müssen sie zumindest zu zweit gehen.

Von Franz von Assisi wird erzählt, dass er einmal zusammen mit einem seiner Brüder zum Predigen in eine Stadt ging. Nachdem beide die Stadt schweigend durchquert hatten, fragte der Bruder den Franz, was denn mit der Predigt gewesen sei, und Franziskus antwortete: „*Das* war unsere Predigt: unser Zeugnis!"

Basilius der Große schreibt: „Unser Schöpfer hat gewollt, dass wir einander brauchen, gerade damit wir in Einheit miteinander leben ... Wenn du nämlich allein lebst, wem kannst du dann die Füße waschen? Wen kannst du umsorgen? Wie kannst du dich auf den letzten Platz begeben? ... Das Gemeinschaftsleben ist ein Stadion, in dem wir uns üben wie Athleten, eine Schule, die uns Fortschritte machen lässt, eine ständige Übung zur Vollkommenheit in den Geboten Gottes."[10]

Augustinus hat nur jene zu Priestern geweiht, die bereit waren, mit ihm das Leben zu teilen und regelmäßig zu seinem „gemeinsamen Tisch" zu kommen. Die Regel, die Augustinus seinem Priesterkreis gegeben hat, wurde bis tief ins Mittelalter hinein (neben der Benediktusregel) zur klassischen (Ordens-)Regel für die Augustinerchorherrn, Prämonstratenser, Serviten

10 Basilius der Große, Regulae fusius tractatae, Interr. 7,3,1f: PG 31, 928f.

und andere. Zentral in der Augustinusregel ist die gegenseitige Liebe: „in Eintracht zusammen zu wohnen und ein Herz und eine Seele in Gott zu haben“.

Schon in den ersten Jahrhunderten, aber auch später, entstanden – aus dem Leben der als Einsiedler lebenden Wüstenväter oder auch neben dem Eremitentum – weitere Gründungen gemeinsamen Lebens; denken wir an Basilius im Osten und Benedikt im Abendland. Bei so manchen engagierten Christen, die „kein Verständnis für den Pflichtzölibat“ haben, findet man sehr wohl Verständnis, ja Sympathie für ein eheloses Gemeinschaftsleben von Priestern. Gewiss muss jeder seinem eigenen inneren Ruf, seiner persönlichen Berufung folgen. Die Geschichte der Kirche durch alle Jahrhunderte zeigt jedoch, wie sehr die zölibatäre Lebensweise nach gemeinschaftlichem Leben in dieser oder jener Ausgestaltung ruft.

Das Zweite Vatikanische Konzil hat den *communionalen* Charakter priesterlicher Identität theologisch durch die Weihe begründet:

„Die Priester, die durch die Weihe in den Priesterstand eingegliedert wurden, sind in inniger sakramentaler Bruderschaft miteinander verbunden. Besonders in der Diözese, deren Dienst sie unter dem eigenen Bischof zugewiesen werden, bilden sie das eine Presbyterium. Trotz ihrer verschiedenen Ämter leisten sie für den Menschen den einen priesterlichen Dienst. Alle werden gesandt, an demselben Werk gemeinsam zu arbeiten ... Mit den übrigen Gliedern dieses Presbyteriums ist jeder Einzelne durch besondere Bande der apostolischen Liebe, des Dienstes und der Brüderlichkeit verbunden" (*Presbyterorum ordinis*, Nr. 8).

Die Konzilsväter verweisen dabei auf die seit frühen Zeiten bekannte Geste, dass bei der Priesterweihe alle anwesenden Priester den Neugeweihten zusammen mit dem Bischof die Hände auflegen: „Die einzelnen Priester sind also mit ihren Mitbrüdern durch das Band der Liebe, des Gebetes und der allseitigen Zusammenarbeit verbunden. So wird jene Einheit sichtbar, durch die nach Christi Willen die Seinen vollkommen eins sein sollten, damit die Welt erkenne, dass der Sohn vom Vater gesandt ist" (ebd.). Dies heißt aber, dass die sichtbare Einheit unter Priestern (nicht nur, wenn sie bei der Konzelebration gemeinsam am Altar stehen!) ein ganz wesentliches Zeugnis priesterlicher Wirksamkeit ist: Dann wird nicht nur auf dem Altar Christi Gegenwart gefeiert, seine Präsenz wird auch im Miteinander der Priester erfahrbar: „Wo zwei oder drei in meinem Namen versammelt sind, da bin ich mitten unter ihnen" (Mt 18,20).

Von hier aus können wir weiter fragen nach dem Miteinander von Priestern und Laien: Ist auch ihre Gemeinschaft dergestalt, dass darin etwas aufleuchtet von der Gegenwart des Auferstandenen in seiner Kirche?

Im Konzilsdekret über Dienst und Leben der Priester heißt es:

„Mit allen …, die wiedergeboren sind im Quell der Taufe, sind die Priester Brüder unter Brüdern [und Schwestern], da sie ja Glieder ein und desselben Leibes Christi sind, dessen Auferbauung allen anvertraut ist … Die Priester sollen die Würde der Laien und die bestimmte Funktion, die den Laien für die Sendung der Kirche zukommt, wahrhaft anerkennen und fördern. Sie mögen auch mit Bedacht die gebührende Freiheit, die allen im bürgerlichen Bereich zusteht, achten. Sie sollen gern auf die Laien hören, ihre Wünsche brüderlich erwägen und ihre Erfahrung und Zuständigkeit in den verschiedenen Bereichen des menschlichen Wirkens anerkennen, damit sie gemeinsam mit ihnen die Zeichen der Zeit verstehen können. Sie sollen die Geister prüfen, ob sie aus Gott sind, und die vielfältigen Charismen der Laien, schlichte wie bedeutendere, mit Glaubenssinn aufspüren, freudig anerkennen und mit Sorgfalt hegen“ (*Presbyterorum ordinis*, Nr. 9).

Im Anschluss an die oben zitierten grundsätzlichen Aussagen zur Gemeinschaft unter den Priestern ermutigt und verpflichtet das Konzil die Priester dazu, diese Solidarität konkret werden zu lassen, zum Beispiel in Gestalt regelmäßiger Treffen, in Priestergemeinschaften oder im „gemeinsamen Tisch“, in Form einer *Vita Communis* (Wohngemeinschaft), aber auch in der

Sorge für einsame, notleidende, kranke und ältere Mitbrüder.

Wie ein kleines Schuldbekenntnis mutet es an, wenn die deutschen Bischöfe in ihrem öfter erwähnten Schreiben über den priesterlichen Dienst diesen Auftrag des Konzils wieder in Erinnerung rufen und feststellen: „Von diesen hier angesprochenen Vorstellungen sind wir gewiss noch ein großes Stück entfernt. Wäre es aber nicht an der Zeit, einen neuen Schritt zur Verwirklichung zu unternehmen – nicht nur, um den Schwierigkeiten zölibatären Lebens besser begegnen zu können, sondern auch, um so neue Hilfe, neue Ermutigung, neues Vertrauen zum empfangen? Wir brauchen Orte des offenen Gespräches und Räume des Vertrauens. Wir wissen, dass gerade dazu auch wir Bischöfe unseren Beitrag leisten müssen" (PrD, 1992, S. 31).

Sie ermutigen sodann, sich intensiver mit den verschiedenen Ausgestaltungen einer *Vita Communis* auseinanderzusetzen und verweisen auf die hilfreiche Zugehörigkeit zu Priestergemeinschaften.

Unlängst haben die deutschen Bischöfe das Thema erneut aufgegriffen. So heißt es im Brief an die Priester vom 25. September 2012: „Es gibt unter den Priestern eine neue Sehnsucht nach dem Presbyterium, nach einer erfahrbaren Gemeinschaft der Priester in einem Bistum und mit dem Bischof. In gewisser Spannung dazu steht die Sehnsucht nach einem je eigenen individuellen Lebensstil. Gemeinschaft entlastet, fordert und bindet aber auch. Wir möchten Sie als Priester darin bestärken, nach Formen eines gemeinschaftlichen Lebens und eines gastfreundlichen Haushaltes zu suchen. Dies muss nicht unmittelbar eine umfassende *vita communis* sein. Für dieses Lebensmodell gibt es durchaus verschiedene Abstufungen. In jedem Fall können die verschiedenen Formen gemeinschaftlichen Lebens eine große Hilfe und Stütze sein. Das kann ein wöchentliches Treffen bei einem Essen mit einem anschließenden geistlichen Austausch und einem gemeinsamen Gebet sein oder auch eine intensive Form des Zusammenlebens in einem Pfarrhaus oder die Einbindung in eine geistliche Gemeinschaft mit anderen Gläubigen. Wir möchten Sie ermutigen, kreativ und phantasievoll nach Möglichkeiten zu suchen, und bieten unsere Unterstützung dazu an."

Noch ein Wort zur traditionellen „Kultur des Pfarrhaushalts" mit einer Pfarrhaushälterin. Bei aller Problematik weiß ich aus vielen Begegnungen und Gesprächen mit Priestern um ihren tiefen Respekt und ihre große Dankbarkeit für den selbstlosen Dienst so vieler Pfarrhausfrauen. Für viele Priester sind sie ein Segen, bringen Wärme und Gastlichkeit in ein Pfarrhaus und können gerade beim Älterwerden zu einer Schule gegenseitiger Rücksichtnahme und Fürsorge werden. Angesichts so mancher Priester, die spätestens im Alter in ihrem Pfarrhaus vereinsamen oder sich gar vernachlässigen, ist dies nicht zu unterschätzen. Die Präsenz einer Pfarrhausfrau kann der Menschlichkeit des Priesters im schönsten Sinne des Wortes förderlich sein. Wenn Priester zudem – im je neu zu findenden rechten Maß von Nähe und Distanz – in einem Netz lebendiger Beziehungen mit anderen Pfarrmitgliedern, mit Familien und Freunden stehen, wird es ihnen leichter fallen, „Diener der Freude" (Paulus) zu sein!

3. Priester aus Passion. Brennen oder Ausbrennen, das ist die Frage

Priester werden kann man nur aus einer inneren Berufung, die auch zu einer echten Leidenschaft werden muss, was immer lieben und leiden zugleich bedeutet. Ich wünsche manchen jungen Priestern die Erfahrung eines Alfred Delp:

„Der Mensch muss sich selbst hinter sich gelassen haben, wenn er eine Ahnung von sich selbst bekommen will … Man muss die Segel in einen unendlichen Wind stellen, dann erst werden wir spüren, zu welcher Fahrt wir fähig sind. Die freie und vorbehaltlose Begegnung mit dem Herrgott erst gibt dem Menschen seinen eigenen Raum … *Adoro* [ich bete an] und *Suscipe* [empfange] sind die beiden Urworte der menschlichen

Freiheit. Das gebeugte Knie und die hingehaltenen leeren Hände sind die beiden Urgebärden des freien Menschen ... Mensch, lass dich los zu deinem Gott hin, und du wirst dich selbst wieder haben."[11]

So manchen Priestern in der Lebensmitte und vielleicht auch gegen Ende ihres Dienstes möchte ich sagen, was Paulus seinem Lieblingsjünger Timotheus für seinen Dienst in der Gemeinde von Ephesus ermutigend zuruft: „Darum rufe ich dir ins Gedächtnis: Entfache die Gnade Gottes wieder, die dir durch die Auflegung meiner Hände zuteil geworden ist. Denn Gott hat uns nicht einen Geist der Verzagtheit gegeben, sondern den Geist der Kraft, der Liebe und der Besonnenheit" (2 Tim 1,6f).

Die heutige pastorale Situation stellt bei dem Mangel an Priestern und hauptamtlich pastoralen Mitarbeitern (und zunehmend auch an finanziellen Mitteln) zunächst einmal schlichtweg eine Überforderung dar. Es kann nicht jedem Priester zugemutet werden, eine große Seelsorgeeinheit zu leiten, wenn er dazu nicht die nötigen Fähigkeiten hat (und er seine Talente in einem anderen Seelsorgefeld besser einbringen kann). Natürlich gibt es Kurse für Arbeitsorganisation, Personalführung usw., die sinnvoll und hilfreich sind. Doch letzt-

11 Alfred Delp, Im Angesicht des Todes, München 1947, S. 87f.

lich muss jeder selbst für sich sehen, was zumutbar ist, ohne seine Gesundheit zu ruinieren und die ursprüngliche Freude zu verlieren. Die Schwierigkeiten werden in dem Schreiben der Bischöfe ungeschminkt angesprochen, etwa wie die größere pastorale Hektik zu einem inneren Ausbrennen führen kann, zu depressiver Trägheit oder zur Flucht.

Priester aus Passion sein heißt, für eine Sache brennen. Augustinus schreibt:

„Wo Liebe ist, da ist auch Arbeit.
Wo die Liebe groß ist, ist auch die Arbeit groß.
Aber je größer die Liebe ist,
desto geringer ist die Mühe!"

Ja, so sollte es sein! Als man dem heiligen Martin von Tours im höheren Alter noch eine große Aufgabe übertrug, sagte er: „*Non recuso laborem* – Ich scheue keine Mühe und Arbeit." Wir wissen freilich nur zu gut: Wer brennt, kann auch ausbrennen. Die häufigen Burn-outs auch bei jüngeren Priestern müssen aufhorchen lassen. Der Hinweis darauf, dass es im normalen Berufsleben, etwa in der Wirtschaft, nicht besser sei, ist ein schwacher Trost.

Es gilt, erste körperliche Signale nicht zu überhören, wie Schlaflosigkeit, fehlende Bewegung, eine ungesunde Esskultur. Höchste Achtsamkeit ist auch geboten, wenn die Zeiten zum Gebet immer kürzer werden, wenn keine Zeit mehr für Fortbildung und Lektüre bleibt oder wenn ich mich aus dem Kreis der Mitbrüder oder meiner Freunde immer mehr zurückziehe.

All das sind Alarmzeichen. Wie gut, wenn ich dann einen Engel habe, der mir die Augen öffnet und Mut macht, leiser zu treten oder eine Sabbatzeit zu beantragen: Es kann ein Freund sein, der geistliche Begleiter, die Haushälterin oder Menschen in der Gemeinde, die es gut mit mir meinen. Vielleicht auch der Arzt.

Zwar gilt, was der Pastoraltheologe Christoph Jacobs empfiehlt: „Lassen Sie sich niemals und von niemanden die Freude an der Hingabe nehmen, im Gegenteil: Trauen Sie der Verheißung: Wer sein Leben hingibt, wird es empfangen" (a. a. O., S. 9). Doch damit ist nicht gemeint, sich bedenkenlos zu verausgaben! Wir brauchen den Mut, auch einmal ein begründetes Nein zu sagen, uns selbst und anderen gegenüber. Im öfter zitierten Brief der deutschen Bischöfe von 1992 ist die Rede von einer „Spiritualität des Nein-Sagens um eines größeren und wichtigeren Ja willen" (PrD, 1992, S. 24f).

Bernhard von Clairvaux sagt in seinem 18. Sermon zum Hohenlied:

„Wenn du vernünftig bist,
erweise dich als Schale und nicht als ein Kanal,
der fast gleichzeitig empfängt und weitergibt,

während die Schale wartet, bis sie erfüllt ist.
Auf diese Weise gibt sie das,
was bei ihr überfließt …
Lerne auch du, nur aus der Fülle auszugießen,
und habe nicht den Wunsch,
freigebiger zu sein als Gott …
Die Schale schämt sich nicht,
dass sie nicht überströmender ist als die Quelle …
Wenn du mit dir selber schlecht umgehst,
wem bist du dann gut?"

Auch echte Krisen und Zweifel an der eigenen Berufung sind nicht auszuschließen. Gemobbt, verfolgt, dem Tode ausgesetzt hadert Jeremias mit Gott: „Du hast mich betört …" (Jer 20,7).

Im Gespräch mit Priestern, die ihr Amt verlassen wollen und ehrlich und im Gespräch mit anderen um diese Entscheidung ringen, vermeide ich das Wort „scheitern". Gescheitert ist sicher der erste Lebensentwurf, der einmal auf ein ganzes Leben hin angelegt war. Deswegen aber muss noch nicht das Leben scheitern. Vielleicht ist auch ein Mensch in das Leben eingetreten, für den das Herz des Priesters jetzt brennt. Sehr oft würde er sein Priestersein gerne weiterführen, weil es ihm auch ins Herz eingebrannt ist; vielleicht wird er es nur sehr schmerzlich „opfern".

Wo immer ein Mensch ehrlich um den Willen Gottes ringt, bin ich sicher, dass Gott auch den weiteren Lebensabschnitt mitgehen wird, nicht nur dann, wenn es von der Kirche her durch eine „Laisierung“ eine offizielle Versöhnung gibt und er einen Ort gefunden hat, wo er weiterhin vielleicht auch sozial oder seelsorglich tätig sein kann. Wichtig scheint mir, durch konkrete Hilfe und bleibenden Kontakt mit jedem verbunden zu bleiben und ihn spüren zu lassen, dass er weiter „zu uns gehört“, es sei denn, er möchte dies nicht. So manch einer hat inzwischen einen unschätzbaren Dienst für die Kirche geleistet, etwa als Religionslehrer mit echter Passion.

Ein Wort zum Schluss

Zum Schluss möchte ich persönlich sagen, wie dankbar ich bin für meine Berufung, auch in der zölibatären Lebensform, die ich weite Strecken meines Lebens in priesterlicher Gemeinschaft leben konnte. Es hat Enttäuschungen und Krisen gegeben, insgesamt aber hat mich die Freude an meiner Entscheidung immer wieder begleitet. Ich erhoffe auch für die noch bleibenden Jahre meines Lebens, „Priester zu sein aus Passion".

Schließen möchte ich mit einem Gebet eines Mitpriesters und Theologieprofessors, Karl-Heinz Menke:

„Herr Jesus Christus,
ich weiß, dass nicht wichtig ist,
ob ich ankomme,
ob ich gelobt werde,
ob ich Erfolg und Anerkennung ernte;
ich weiß, dass nur eines wichtig ist:
dass ich dir nicht im Wege stehe,
dass ich dein Werkzeug bin,

dass ich die Menschen nicht zu mir,
sondern zu dir führe.
Herr Jesus Christus,
bewahre mich vor dem Wahn,
ich selbst müsste die Welt retten.
Lass mich nie vergessen,
dass du sie schon gerettet hast;
und dass ich nicht am Ende bin,
wenn meine Kräfte mir den Dienst versagen.
Ich bin das Fenster, du das Licht.
Du kannst durch mich hindurch,
was ich nicht kann.
Du fädelst dich ein in diese Welt
durch mich armseliges dünnes Nadelöhr hindurch.
Das macht mich frei von der Last,
etwas bewirken zu müssen,
was meine Kraft übersteigt.
Das macht mir Mut zu der Vollmacht,
die du in mich,
in meine Schwäche und Armseligkeit gelegt hast.
Ja, du in mir!
So froh, so unverkrampft und echt wird mein Leben,
wenn ich mich entschieden habe
zu dir in mir."[12]

12 Zitiert nach: Gisbert Greshake, Priester sein in dieser Zeit, Würzburg 2005, S. 376.